Das große Einschlaf-Buch
mit Gutenacht-Garantie

© Carlsen Verlag GmbH, Hamburg 2017
Alle deutschen Rechte vorbehalten
Illustrationen: Barbara Korthues
Geschichten und Sachtexte: Lisa Golze
Redaktion: Ruth Rahlff, Frank Kühne
Gestaltung und Herstellung: Derya Yildirim
Lithografie: Buss & Gatermann GmbH, Hamburg
ISBN: 978-3-551-51898-9

www.carlsen.de

Das große Einschlaf-Buch

mit Gutenacht-Garantie

Geschichten von Lisa Golze
Illustriert von Barbara Korthues

Inhaltsverzeichnis

Vorwort

»Ich kann nicht schlafen« – das ist wahrscheinlich der häufigste Satz, den Eltern allabendlich zu hören bekommen. Und dabei hat man nicht den Eindruck, als wenn die Kinder nicht einschlafen könnten, so müde, wie sie mal wieder sind. Warum nur wollen manche Kinder nicht einschlafen? Für uns Erwachsene ist es doch oft genau anders herum: Wir freuen uns auf den Schlaf, auf das Wegtauchen in eine (meistens) erholsame Phase unseres Alltages, aus der wir dann erfrischt wieder aufwachen. Warum ist das für unsere Kinder nicht ebenso attraktiv?

Das hat etwas damit zu tun, dass Kinder sehr viel intensiver in den jeweiligen Moment ihres Lebens hineinleben – und dann wird die Verabschiedung davon unter Umständen sehr schwer. Und darüber hinaus und mindestens ebenso wichtig: Wer weiß denn schon, ob die Welt am nächsten Morgen noch genauso dastehen wird, wie wir sie verlassen? Es gibt also aus Kindersicht gewichtige Gründe, den Schlaf nicht herbeizusehnen und ihn im Gegenteil eher intensiv zu bekämpfen. Das, was für uns Erwachsene ein seliges Hinübergleiten bedeutet, ist für Kinder oft mit Angst und Anstrengung verbunden. Das Ergebnis kennen alle Eltern: übermüdete, überdrehte Kinder, die sich kaum beruhigen lassen und bei denen auch Zugeständnisse wie »na gut, noch fünf Minuten« nicht helfen, im Gegenteil.

Verzweifelte Eltern erfinden dann abenteuerliche Strategien, um ihrem Nachwuchs in den Schlaf und sich selbst zu einer abendlichen Auszeit zu verhelfen. Das reicht von Autofahrten um den Block über gemeinsames Hüpfen auf dem Gymnastikball bis hin zu spezifischer Musik, die so laut abgespielt wird, bis sich die Nachbarschaft beschwert ...

Einschlafen bedeutet für Kinder also Trennung. Trennung vom Tag, Trennung von etwas Spannendem, Trennung von den Eltern – wer macht das schon gerne?

Besonders wenn man noch nicht die ausreichende Erfahrung gemacht hat, dass der nächste Tag alles genauso oder noch spannender bereithält (das funktioniert nur vor Geburtstagen ...).

Ein Einschlafbuch für Kinder, das sich an den Techniken des autogenen Trainings orientiert, greift die Schwierigkeiten der Kinder auf spielerische Weise auf: Es geht um Fantasiereisen, um ein Weiterspielen in Gedanken, darum, nach einer neuen Anregung zur Ruhe zu kommen. Lisa Golze hat sich 12 Geschichten ausgedacht, die sich die Vorstellungskraft der Kinder zu eigen machen.

Gehen Sie mit Ihren Kindern also auf Entdeckungsreisen und helfen Sie ihnen, sich alles möglichst genau vorzustellen, damit sie am Ende tatsächlich eingeschlafen sind. Und wenn nicht: Es gibt noch mehr Geschichten oder sie beginnen immer wieder von vorne.

Michael Schulte-Markwort

Der Drache, der aus den Wolken kam

Kuschle dich unter deine Decke. Fühlt es sich warm und weich an?
Schließe deine Augen und atme tief ein und aus. Du bist jetzt ruhig und entspannt.
Es geht dir gut. Stell dir nun vor, du lebst auf einer Ritterburg.

Es ist ein warmer Frühlingsabend und du schaust aus dem Fenster. Von hier aus kannst du das Tal rund um die Ritterburg gut überblicken. Soeben reitet eine Horde Ritter durch den Wald zurück zur Burg. Aufmerksam beobachtest du, wie sie den Weg entlanggaloppieren. Ihre silbernen Helme glänzen in der Abendsonne. Die Ritter sehen sehr müde aus. Sie waren den ganzen Tag auf ihren Pferden unterwegs und haben das Königreich erkundet.

Wie gern würdest du auch Abenteuer erleben! Doch dafür bräuchtest du ein Pferd. Und einen Freund! Du musst jetzt herzhaft gähnen. Den ganzen Tag allein spielen ist furchtbar langweilig.

Dann beobachtest du, wie die Wolken am Himmel vorbeiziehen. Eine Wolke sieht aus wie ein Ritterschild. Eine andere hat Ähnlichkeiten mit einem Pferd. Du beginnst zu träumen und deine Gedanken ziehen mit den Wolken ein Stückchen weiter. Während die Sonne am Horizont untergeht, färben sich die Wolken in den schönsten Farben: lila, rosa, rot, gold und grün.

Grün? Moment mal! Verwundert starrst du in den Himmel. Träumst du vielleicht? Schließlich ist es schon ziemlich spät. Und du bist schon sehr, sehr müde.

Du gähnst und zwinkerst ein paarmal mit den Augen. Dann schaust du wieder in den

Abendhimmel. Tatsächlich schwebt dort eine kleine grüne Wolke. Kann es sein, dass sie gerade auf dich zufliegt? Du lässt sie nicht aus den Augen. Jetzt spürst du einen warmen Luftzug. Dann hörst du leises Flügelflattern. Und ehe du dich versiehst, ist ein kleiner grüner Drache direkt vor deiner Nase auf der Burgmauer gelandet.

»Astreine Landung!«, ruft der kleine Drache vergnügt, während er noch immer mit den Flügeln flattert.

Ungläubig reibst du dir die Augen. Ein Drache? Hier auf deiner Burg? Das kann nur ein Traum sein! Sicherheitshalber zwickst du dich in den Arm. Aua! Das hat wehgetan. Also träumst du wirklich nicht. Und der kleine grüne Drache steht auch immer noch direkt vor dir. Er ist von oben bis unten gepunktet und hat einen langen gezackten Schwanz. Lustig sieht er aus!

»Wieso hast du dich gezwickt?«, fragt der Drache überrascht. Im nächsten Moment kneift auch er sich in seine Drachenhaut. »Autsch!«, ruft er verwundert und reibt sich den Flügel.

»Das macht man so, wenn man glaubt, dass man träumt«, antwortest du. »Weil es doch gar keine Drachen gibt!«, fügst du noch hinzu.

»Dafür hat das Kneifen ganz schön wehgetan!«, stöhnt der kleine Drache. »Aber wenn es mich nicht gibt«, seufzt er, »dann können wir wohl keine Freunde werden. Wie schade!« Schon breitet er seine Flügel aus und macht sich zum Abflug bereit.

»Warte!«, rufst du. Jetzt tut es dir leid, dass du den kleinen Drachen verärgert hast. »Ich habe es mir anders überlegt. Vielleicht gibt es dich ja doch?«

Nun dreht sich der kleine Drache zu dir um und legt nachdenklich den Kopf zur Seite. Einen Moment später blitzen seine Augen fröhlich auf.

»Ich habe eine Idee!«, ruft er begeistert. »Ich werde dir beweisen, dass es mich wirklich gibt. Spring auf!«

Das lässt du dir nicht zweimal sagen! Du schwingst dich auf den Drachenrücken und setzt dich bequem hin. Die Drachenhaut fühlt sich schön warm und weich an.

»Es kann losgehen!«, rufst du dann und hältst dich gut fest. Langsam bewegt der Drache seine Flügel auf und ab und hebt sich behutsam in die Lüfte.

Zuerst dreht ihr eine Runde über der Burg. Wie klein alles von hier oben aussieht! Fröhlich winkst du den Wachen zu, die von ihren Wachtürmen aus verdutzt zu euch hinaufschauen.

Dann gleitet ihr über die heimkehrenden Ritter hinweg.

»Huhu!«, rufst du. Vor Schreck wären die Ritter beinahe von ihren Pferden gepurzelt.

Sind das Angsthasen!, denkst du und kicherst. Der kleine Drache muss auch lachen und bläst dabei ein paar Rauchwölkchen aus seinen Nasenlöchern.

Nun steigt ihr immer höher in den Himmel. Bis die Burg nur noch ein kleiner Punkt auf der Erde ist. Entspannt lehnst du dich zurück. Du fühlst dich ruhig und sicher auf dem Drachenrücken. Es ist richtig gemütlich, wie in einem Sessel! Völlig schwerelos schwebt ihr durch die Luft. Immer weiter und weiter, der untergehenden Sonne entgegen.

Unterwegs begegnet ihr einem Schwarm Kraniche. Sie sehen so schön aus, dass ihr sie ein

Stück begleitet. Elegant fliegen die großen Vögel neben euch her. Mal gleiten sie links herum, mal rechts herum – als würden sie in der Luft tanzen. Während du ihnen zusiehst, merkst du gar nicht, wie die Zeit vergeht. Und wie müde du geworden bist! Die ersten Sterne glitzern bereits am Himmel, als die Ritterburg wieder unter dir auftaucht. Der Mond wirft sein silbernes Licht auf die Erde und weist euch den Weg zurück.

Sanft setzt dich der kleine Drache auf der Fensterbank deiner Kammer ab.

»Danke!«, sagst du und reibst dir verschlafen die Augen. Dann schlingst du zum Abschied deine Arme um den Hals des Drachen. »Jetzt glaube ich, dass es dich wirklich gibt. Holst du mich morgen wieder ab?«

»Klar! Wir sind doch Freunde!« Der kleine Drache hebt einen seiner Flügel.
»Schlag ein!«

Überglücklich schlägst du ein. Endlich hast du einen richtigen Freund!
»Abgemacht! Bis morgen!« Dann krabbelst du durchs Fenster in deine Kammer. Dort drehst du dich noch einmal um und siehst, wie der kleine Drache über den Nachthimmel davonfliegt.

Erschöpft kriechst du ins Bett und kuschelst dich unter deine flauschige Decke. Dein Kopf ruht sanft auf deinem weichen Kissen. Im nächsten Moment fallen dir bereits die Augen zu. Durch das Fenster strömt frische, klare Luft in deine Kammer. Du atmest tief ein und aus. Deine Arme und Beine fühlen sich schwer an. Dein Atem wird immer ruhiger. Mit jedem Atemzug sinkst du tiefer in die Matratze. Ein letztes Mal für heute stellst du dir den kleinen Drachen vor und lächelst glücklich. Dann bist du auch schon eingeschlafen.

Schlaf, Kindlein, schlaf!

Schlaf, Kindlein, schlaf!
Der Vater hüt die Schaf,
die Mutter schüttelts Bäumelein,
da fällt herab ein Träumelein.
Schlaf, Kindlein, schlaf!

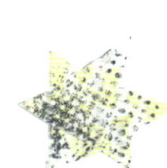

Schlaf, Kindlein, schlaf!
Am Himmel ziehn die Schaf.
Die Sterne sind die Lämmerlein,
der Mond, der ist das Schäferlein.
Schlaf, Kindlein, schlaf!

Schlaf, Kindlein, schlaf!
So schenk ich dir ein Schaf
mit einer goldnen Schelle fein,
das soll dein Spielgeselle sein.
Schlaf, Kindlein, schlaf!

Text aus: Des Knaben Wunderhorn

Abends will ich schlafen gehn

Abends will ich schlafen gehn,
Vierzehn Engel um mich stehn:
Zwei zu meinen Häupten,
Zwei zu meinen Füßen,
Zwei zu meiner Rechten,
Zwei zu meiner Linken,
Zweie, die mich decken,
Zweie, die mich wecken,
Zweie, die mich weisen,
Zu Himmels Paradeisen.

Text: Adelheid Wette

Der Sandmann ist da!

Der Sandmann ist da,
der Sandmann ist da!
Er hat so schönen weißen Sand,
ist allen Kindern wohlbekannt.
Der Sandmann ist da!

Der Sandmann ist da,
der Sandmann ist da!
Da guckt er schon zum Fenster rein,
zu all den lieben Kinderlein:
Der Sandmann ist da!

Volksweise

Abenteuer, Lagerfeuer!

Kuschle dich unter deine Decke. Liegst du bequem? Schließe jetzt deine Augen und atme ein und aus. Spürst du, wie dein Atem immer tiefer wird? Dein ganzer Körper fühlt sich wohlig warm an. Du bist vollkommen ruhig und entspannt. Stell dir nun vor, du zeltest mit deiner Kita-Gruppe an einem See.

Es ist Abend und du sitzt zusammen mit deinen Freunden vor eurem Zelt. Müde streckst du Arme und Beine aus und schaust hinüber zum See. Das Wasser glitzert in der Abendsonne. Du erinnerst dich daran, was ihr tagsüber alles erlebt habt.

Ihr habt Frösche, Fische und Vögel beobachtet. Sogar eine Libelle mit wunderschön schimmernden Flügeln habt ihr gesehen. Am besten hat dir der Graureiher gefallen. Eure Erzieherin Tina hat euch erklärt, was der große Vogel im Wasser macht. Ganz langsam stakst er am Seeufer entlang und sucht mit seinem langen Schnabel nach Nahrung.

Später durftet ihr baden. Erst hast du dich nicht ins kalte Wasser getraut. Aber dann ist deine Freundin Kim vorgelaufen und du bist einfach hinterhergerannt. Wie Graureiher seid ihr alle durchs Wasser gestakst. Nur dein Freund Luis wollte lieber ein Fisch sein, weil er schon schwimmen kann.

So ein Tag am See macht nicht nur müde, sondern auch ganz schön hungrig! Deshalb stürzt ihr euch jetzt auf das Abendessen. Es gibt Brote, Tomaten, Gurken, Frikadellen und Nudelsalat. Jeder hat etwas Leckeres von zu Hause mitgebracht.

»Nachher haben wir noch eine Überraschung für euch«, sagt Tina geheimnisvoll.

»Oh, was denn?«, fragst du eure Erzieherin neugierig.

»Ja, sag es uns, bitte!«, bettelt Luis und zieht eurem Erzieher Tobi ungeduldig am Ärmel.

Tobi schmunzelt und schaut zu Tina herüber. Tina lacht.

»Na schön! Ihr gebt ja sonst keine Ruhe! Wenn es dunkel wird, wollen wir ein Lagerfeuer machen!«

Das ist wirklich eine tolle Überraschung! Alle Kinder sind begeistert.

Nach dem Essen lauft ihr gleich zur Feuerstelle an den See. Dort schaut ihr euch verwundert um.

»Wo ist denn das Holz zum Feuermachen?«, fragst du verwundert.

»Das müssen wir erst sammeln«, erklärt Tobi. »Wer hat Lust, mir dabei zu helfen?«

»Ich!«, rufst du und rennst schon los.

»Wir kommen mit!« Luis und Kim laufen dir jubelnd hinterher.

»Hey, wartet auf mich!« Tobi ist ein bisschen aus der Puste, als er euch eingeholt hat.

Es ist gar nicht so einfach, genügend trockenes Holz zu finden. Aber Tobi kennt sich zum Glück gut aus.

»Birke brennt besonders gut«, meint er und hebt einen Ast vom Boden auf. »Das

Holz darf aber nicht zu schwer sein, sonst ist es noch nass und brennt nicht.«
Tobi schaut sich den Ast genau an. »Wenn ihr grüne Blätter seht, lebt der Baum noch«, erklärt er weiter. »Dann dürft ihr die Äste nicht nehmen.«

Nach einer Weile hat jeder von euch einen Arm voll trockener Äste gesammelt.

»Super! Damit können wir jetzt unser Feuerchen machen«, lobt Tina euch, als ihr damit zur Feuerstelle zurückkehrt. Du setzt dich auf einen Stein und merkst, wie müde du geworden bist. Luis und Kim gähnen auch schon herzhaft. Während ihr euch ausruht, seht ihr dabei zu, wie Tina die Äste in kleine Stücke zerlegt. Ein paar Kinder helfen mit und schnell kommt ein kleiner Haufen Feuerholz zusammen.

Als Tobi das Holz anzündet, dämmert es bereits. Der Mond geht auf und spiegelt sich im See.

»Pustet alle mal mit«, sagt Tina und pustet in die Glut.

Es dauert nicht lange, da steigen die ersten Flämmchen nach oben. Schließlich wird aus den züngelnden Flammen ein kleines, prasselndes Feuer.

Etwas entfernt von der Feuerstelle stehen niedrige Bänke aus Holz. Tina und Tobi legen weiche Decken und Felle darauf. Dann macht ihr es euch auf den Holzbänken gemütlich. Dort fühlst du dich sicher und geborgen. Das Feuer ist weit genug weg. Du streckst deine müden Beine aus und atmest tief ein und aus. Der würzige Geruch des Feuers steigt dir in die Nase. Dein ganzer Körper fühlt sich wohlig warm an. Entspannt schaust du zum knisternden Feuer hinüber. Je dunkler der Nachthimmel wird, desto heller leuchten die Flammen.

»Ich sehe einen Feuerbaum«, sagt Luis und gähnt.

»Und ich einen tanzenden Löwen«, murmelt Kim. Sie schläft schon fast.

»Und was siehst du im Feuer?«, fragt Tina und guckt dich neugierig an.

Du beobachtest die tanzenden Flammen. Ständig verändern sie ihre Form. Einmal erkennst du ein Segelschiff, einmal eine Rakete. Du

kuschelst dich unter die weiche Wolldecke und merkst, wie deine Augen langsam zufallen. Die Wärme des Lagerfeuers strömt durch deinen Körper und macht dich ganz schläfrig. Dann holt Tobi seine Gitarre und Tina beginnt, mit warmer, weicher Stimme zu singen:

Der Mond ist aufgegangen,
die goldnen Sternlein prangen,
am Himmel hell und klar.

Nachdem der letzte Ton verklungen ist, hörst du nur noch das Knistern und Prasseln des Feuers.

Ein paar Kinder sind bereits eingeschlafen und auch du kannst dich kaum noch wach halten. Nach und nach bringen Tina und Tobi euch ins Zelt.

Kim und Luis schlafen schon tief und fest, als du dich zwischen sie in deinen Schlafsack kuschelst.

»Gute Nacht«, flüsterst du in die Dunkelheit.

»Gute Nacht«, kommt es vom anderen Ende des Zelts zurück. Das war bestimmt Tobi.

Jetzt ist es ganz still. Nur die Grillen zirpen draußen. Ab und zu raschelt ein Schlafsack. Du liegst warm und geborgen zwischen deinen Freunden und hörst, wie sie sanft neben dir atmen. Einen Moment lang schaust du durch das kleine Zeltfenster in den klaren Sternenhimmel. Dann fallen dir die Augen zu. Du atmest tief ein und aus. Dabei nimmst du den Duft von frischem Gras wahr. Dein Atem wird immer ruhiger und tiefer. Deine Arme und Beine werden schwer. Dein ganzer Körper fühlt sich warm und entspannt an. Noch einmal stellst du dir den See vor, der im Mondlicht glitzert. Dann bist auch du eingeschlafen.

Badeschaum und Schlummertraum

Keine Frage: Mit Gummiente, Badebuch und Waschlappen in der Badewanne spielen macht Riesenspaß. Doch ein Bad am Abend kann noch mehr. Das warme Wasser lockert die Muskeln, entspannt den ganzen Körper und sorgt für ein rundum wohliges Gefühl. Anschließend abrubbeln, ins Nachthemd oder in den Pyjama schlüpfen und gemütlich ins weiche Bett kuscheln. So lässt es sich herrlich einschlummern!

Das Wasser sollte beim Baden nicht zu heiß sein – eine Temperatur um die 37 Grad Celsius ist ideal. Die genaue Temperatur zeigt ein Badethermometer an. Und natürlich ist es auch wichtig, wie du dich im Wasser fühlst. Vielleicht magst du dein Bad ja auch lieber etwas kühler oder wärmer.

Einen Badezusatz, der dir beim Einschlafen hilft, kannst du auch selbst herstellen. Dafür brauchst du ein Baumwollsäckchen oder einen befüllbaren Teebeutel.

Beruhigendes Melissenbad
Fülle einige frische Melissenblätter oder etwas Melissentee in einen Beutel und verschließe ihn mit einem kurzen Band. Lege den Beutel in die Badewanne oder befestige ihn am Wasserhahn, während das Badewasser eingelassen wird.

Entspannendes Lavendelbad
Die winzigen blau-violetten Blüten des Lavendels sehen nicht nur schön aus, sie duften auch noch gut! Fülle sie in einen kleinen Beutel und lasse diesen im Badewasser schwimmen.

Denk dran:
Beim Baden sind immer Mama, Papa
oder ein anderer Erwachsener dabei!
Bade niemals, wenn du Fieber hast.

Wer hat die schönsten Schäfchen?

Wer hat die schönsten Schäfchen?
Die hat der goldne Mond,
der hinter unsern Bäumen
am Himmel droben wohnt.

Er kommt am späten Abend,
wenn alles schlafen will,
hervor aus seinem Hause
zum Himmel leis und still.

Dann weidet er die Schäfchen
auf seiner blauen Flur,
denn all die weißen Sterne
sind seine Schäfchen nur.

Sie tun sich nichts zuleide,
hat eins das andre gern,
und Schwestern sind und Brüder
da droben Stern an Stern.

Und soll ich dir eins bringen,
so darfst du niemals schrein,
musst freundlich wie die Schäfchen
und wie ihr Schäfer sein.

Text: August Heinrich Hoffmann von Fallersleben

Gebete und Wünsche zur guten Nacht

Von guten Mächten wunderbar geborgen,
erwarten wir getrost, was kommen mag.
Du bist bei uns am Abend und am Morgen.
Und ganz gewiss an jedem neuen Tag.

Dietrich Bonhoeffer

Alle meine Kuscheltiere deck ich zu ganz sacht,
der Katze und dem Känguru sag ich nun Gute Nacht.

In deinem Schutz, lieber Gott, kann ich ganz sicher sein.
Du hältst die Wacht die lange Nacht, so schlafe ich ruhig ein.

Schön ist dieser Tag gewesen, bette dankbar mich zur Ruh.
Kuschel mich ins Sternenkissen, schließe meine Augen zu.

Spatz und Amsel sind nun still, Silberstern glänzt in der Nacht.
Lieber Gott, behüte mich, halt du über uns die Wacht.

Unbekannter Verfasser

Das Geheimnis des Steinadlers

Mach es dir in deinem Bett bequem und decke dich gut zu. Ist dir warm
genug? Schließe nun deine Augen und atme tief ein und aus.
Merkst du, wie du immer ruhiger wirst? Dein ganzer Körper ist entspannt.
Stell dir jetzt vor, du bist ein Indianerkind.

Du liegst im Licht der warmen Abendsonne vor deinem Tipi und schaust in den Himmel. Es ist schon spät, aber im Sommer ist es noch lange hell. Du beobachtest, wie ein großer Steinadler seine abendlichen Kreise über eurem Indianerdorf zieht. Während du dem Adler zusiehst, wirst du langsam müde. Aus der Ferne hörst du den Klang der Trommeln. Bum, bum-bum, bum-bum ...

Die Erwachsenen haben sich auf dem Dorfplatz versammelt und üben ihre Tänze fürs Sonnenfest.

Plötzlich fällt dir etwas ein. Die Kräuter, die du heute früh gesammelt hast, liegen noch zum Trocknen auf dem großen Felsen am Dorfausgang. Du solltest sie besser einsammeln, bevor es Nacht wird. Da hörst du eine Stimme neben dir.

»Bist du auch noch wach?« Es ist Mungo. Er wohnt im Tipi nebenan.

»Hallo!«, begrüßt du deinen Freund. »Ich habe meine Kräuter auf dem Felsen vergessen und will sie eben noch holen. Kommst du mit?«

»Indianerehrensache!«, sagt Mungo feierlich.

Gemeinsam macht ihr euch auf den Weg zum großen Felsen am Dorfausgang. Dort, am Fuße des großen Bergs, hast du die Kräuter zum Trocknen ausgebreitet. Gemütlich wandert ihr den Pfad entlang. Nach einer Weile bleibt Mungo stehen und

schaut zum Himmel. »Was ist denn mit dem Steinadler los?« Der große Vogel fliegt nun viel tiefer. Er kreist genau über der Wiese, wo die Pferde des Dorfes grasen.

»Vielleicht hat er dort etwas entdeckt«, vermutest du. Du denkst aber nicht länger darüber nach, denn weiter vorne siehst du schon deine Kräuter. Sie liegen noch immer auf der großen Felsplatte. Zum Glück hat kein Tier sie gefressen! Erleichtert läufst du zum Felsen und sammelst die getrockneten Kräuter ein. Danach ruhst du dich ein wenig aus. Das war ein langer Tag heute! Du gähnst zufrieden und streckst deine müden Beine auf dem Felsen aus. Jetzt freust du dich auf dein gemütliches Tipi mit dem weichen Bärenfell.

»Schau!«, ruft Mungo und zeigt in den Himmel. Der Steinadler kommt direkt auf euch zugeflogen. Er ist jetzt so nahe, dass du seine ausgebreiteten Flügel mit den braunen und weißen Federn gut erkennen kannst. Erst kreist er ein paar Runden über euch, dann dreht er wieder um und fliegt zurück zur Pferdewiese.

»Ich glaube, er will uns etwas zeigen«, meint Mungo. »Los, lass uns nachsehen!« Ihr pirscht durchs hohe Gras. Dabei lasst ihr den Adler nicht aus den Augen. Ein kleines Stück weiter bleibt der Vogel in der Luft stehen. Langsam schleicht ihr auf die Stelle zu. Dort liegt etwas auf der Wiese. Du schaust noch einmal hoch zum

Adler, aber der ist inzwischen weitergeflogen. Nun ist er nur noch als kleiner Punkt in der Ferne zu sehen.

»Was ist das?«, flüsterst du und zeigst auf ein graubraunes Bündel einige Meter entfernt im Gras.

Es bewegt sich! Eine kleine Schnauze öffnet sich. Zwei schwarze Knopfaugen blinzeln niedlich. Jetzt erkennst du, was es ist. Ein kleines Wolfsjunges!

»Das Junge hat sich an einer Hinterpfote verletzt«, sagst du.

Behutsam nimmst du das zarte Tier auf den Arm. »Der Steinadler wollte bestimmt, dass wir es zum Medizinmann bringen!« Jetzt schaut dich das Wolfsjunge aus seinen kleinen Knopfaugen direkt an.

»Wir helfen dir!«, flüsterst du ihm beruhigend zu und streichelst vorsichtig über sein weiches Fell. Als ihr ins Dorf zurücklauft, hat es bereits zu dämmern begonnen.

Schon von weitem erkennt ihr den Medizinmann vor seinem Tipi. Der alte, weise Indianer hat bereits viele Sommer und Winter erlebt und nimmt nicht mehr an den Tänzen der anderen teil.

»Was macht ihr denn noch hier draußen?«, fragt er überrascht, als ihr auf ihn zukommt. Doch dann erkennt er, was du auf dem Arm trägst. Sofort bringt ihr das verletzte Tier in sein Tipi. Dort legt ihr es auf eine Decke. Nun tastet der Medizinmann geschickt die verletzte Pfote ab.

»Sei tapfer!«, flüsterst du dem kleinen Wolf ins Ohr und kraulst ihm beruhigend das Fell. »Bald bist du wieder gesund!«

»Ich muss die Pfote verbinden«, sagt der Medizinmann. Dann runzelt er die Stirn. »Leider habe ich keine Jangi-Kräuter mehr. Mit Umschlägen aus Jangi-Sud würde die Wunde schneller verheilen.«

Was für ein Glück, dass du die Kräuter eingesammelt hast! Gleich reichst du dem alten Indianer deinen Lederbeutel. Hoffentlich sind die richtigen Kräuter dabei! Der Indianer schaut in den Beutel und holt zwei Büschel vom Jangibusch heraus.

»Dem heiligen Bison sei Dank!«, ruft er erfreut. »Daraus koche ich gleich einen Sud und bestreiche die Pfote damit. Ihr werdet sehen, in wenigen Tagen kann unser kleiner Patient wieder laufen.«

Das Wolfsjunge hat inzwischen seine Augen geschlossen. Es ist müde und erschöpft. Genau wie du.

Ein letztes Mal streichelst du ihm über sein weiches Fell, dann macht ihr euch auf den Heimweg. Im Mondlicht werden die Schatten der Tipis immer länger. Du kannst es kaum erwarten, dich auf deinem weichen Bärenfell auszustrecken. Mungo sieht genauso müde aus und ihr gähnt um die Wette.

»Morgen früh schauen wir als Erstes nach dem Wolfsjungen«, sagt dein Freund noch, bevor er in sein Tipi verschwindet.

»Indianerehrenwort!«, murmelst du und machst das Schwurzeichen. Dann kriechst du erschöpft in dein Tipi.

Du kuschelst dich auf dein weiches Bärenfell und lauschst. Bum, bum-bum, bum-bum … Noch immer werden die Trommeln auf dem Dorfplatz geschlagen. Ob das kleine Wolfsjunge wohl schon schläft? Nun fallen dir die Augen zu. Deine Arme und Beine liegen schwer auf dem weichen Fell. Sie fühlen sich ganz warm an. Du atmest ruhig und tief. Es duftet nach frischen Kräutern. Mit jedem Atemzug fühlt sich dein Körper immer entspannter an. Ein letztes Mal denkst du an das niedliche Wolfsjunge. Dann bist du auch schon eingeschlafen.

Träum schön!

Jeder Mensch träumt, wenn er schläft. Deine Eltern und Großeltern, deine Geschwister und Freunde und du natürlich auch. Selbst Tiere träumen! Manche Träume sind so schön, dass man am liebsten immer weiter träumen möchte. Es gibt aber auch Träume, die weniger schön sind. Hast du schon einmal schlecht geträumt? Dagegen gibt es einen tollen Brauch, der von den Indianern aus Nordamerika stammt: einen Traumfänger aufhängen! Er sieht nicht nur sehr schön aus, sondern hat auch eine ganz besondere Wirkung. Wie der Name schon sagt, fängt er deine Träume ein. Aber nur die schlechten! Sie bleiben einfach in dem Netz hängen und lösen sich am nächsten Morgen mit den ersten Sonnenstrahlen auf. Die schönen Träume hingegen gleiten durch das Loch in der Mitte des Netzes hindurch und fallen in der Nacht auf dich hinab.

Du kannst auch selbst einen Traumfänger basteln, damit du gut schläfst und viele schöne Träume hast.

Binde dafür einen biegsamen Zweig zu einem Kreis zusammen. Besonders gut eignet sich das Holz von Weide, Haselnuss oder Birke, aber verwende nur heruntergefallene Äste, um die Bäume zu schonen. Du kannst für den Traumfänger auch einen Holzring aus dem Bastelgeschäft nehmen.

In dem Kreis spannst du ein Netz aus Wollfäden. Das sieht so ähnlich wie ein Spinnennetz aus. Knote Federn, Lochsteine, Perlen, Muscheln und andere Dinge an den Traumfänger und hänge ihn direkt über deinem Bett oder in der Nähe des Bettes auf.

Wiegenlied

Vor der Türe schläft der Baum,
durch den Garten zieht ein Traum.
Langsam schwimmt der Mondeskahn,
und im Schlafe kräht der Hahn.
Schlaf, mein Wölfchen, schlaf.

Schlaf, mein Wulff. In später Stund
küss ich deinen roten Mund.
Streck dein kleines, dickes Bein,
steht noch nicht auf Weg und Stein.
Schlaf, mein Wölfchen, schlaf.

Schlaf, mein Wulff. Es kommt die Zeit,
Regen rinnt, es stürmt und schneit.
Lebst in atemloser Hast,
hättest gerne Schlaf und Rast.
Schlaf, mein Wölfchen, schlaf.

Vor der Türe schläft der Baum,
durch den Garten zieht ein Traum.
Langsam schwimmt der Mondeskahn,
und im Schlafe kräht der Hahn.
Schlaf, mein Wölfchen, schlaf.

Detlev von Liliencron

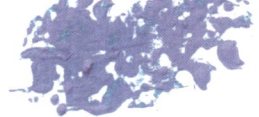

Müde bin ich, geh zur Ruh

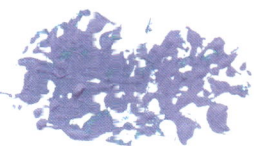

Müde bin ich, geh zur Ruh,
schließe beide Äuglein zu.
Vater, lass die Augen dein
über meinem Bette sein.

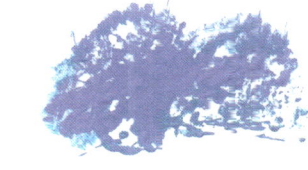

Alle, die mir sind verwandt,
Gott, lass ruhn in deiner Hand,
alle Menschen, groß und klein,
sollen dir befohlen sein.

Kranken Herzen sende Ruh,
nasse Augen schließe zu.
Lass den Mond am Himmel stehn
und die stille Welt besehn.

Text: Luise Hensel

Wer hat in meinem Bettchen geschlafen?

Lege dich bequem ins Bett und atme tief ein und aus. Spürst du, wie sich dein Bauch dabei hebt und senkt? Schließe jetzt deine Augen und lasse deinen Atem ruhig weiterfließen. Es geht dir gut. Du bist vollkommen entspannt. Stell dir nun vor, du läufst durch einen Märchenwald.

Gemütlich spazierst du über den weichen Waldboden und hörst, wie die Äste leise unter deinen Schuhen knacken. Es ist schon spät und die warme Abendsonne zaubert goldene Punkte auf die Erde. Der Duft von frischen Tannennadeln steigt dir in die Nase. Während du durch den Märchenwald schlenderst, schaust du dich neugierig um. Da hinten – ist das nicht der gestiefelte Kater? Er trägt einen großen Hut mit einer Feder und sehr schicke Stiefel.

Und auf einer Lichtung siehst du noch eine Gestalt. Das ist doch das Rumpelstilzchen!

»Ach, wie gut, dass niemand weiß, dass ich Rumpelstilzchen heiß!«, singt es, während es immerfort im Kreis hüpft.

Langsam spazierst du weiter durch den Märchenwald. Wenig später entdeckst du zwischen den Bäumen die sieben Zwerge. An der Spitze marschiert ein Zwerg mit einer Axt. Dahinter trägt einer einen Beutel an einem Stock. Ein dritter Zwerg ruht sich gerade auf einem Stein aus.

Das sieht gemütlich aus, findest du und läufst gleich zu ihm hinüber. Du willst eine kleine Pause machen, denn du bist schon ein bisschen müde.

»Was machst du denn hier?«, fragt der Zwerg überrascht, als du dich neben ihn auf den Boden setzt. »Solltest du nicht schon längst schlafen?«

»Ich möchte so gerne noch im Märchenwald bleiben«, sagst du. »Darf ich heute bei euch übernachten?«

Jetzt haben sich auch die anderen sechs Zwerge zu euch gesellt und schauen sich ratlos an.

Der Zwerg mit der Axt sagt: »In meinem Bettchen liegt Schneewittchen ...«

»Von meinem Tellerchen hat sie auch schon gegessen«, grummelt der Zwerg mit dem Beutel.

»Und aus meinem Becherchen hat sie getrunken ...«, sagt der kleinste der Zwerge.

So geht es immer weiter.

Bis der siebte Zwerg endlich sagt: »In Ordnung, du kannst in meinem

Bettchen schlafen. Ich werde es mir heute Nacht in der Badewanne gemütlich machen.«

»Vielen Dank!«, freust du dich.

Dann macht ihr euch auf den Weg zum Zwergenhaus.

Gemeinsam lauft ihr über Stock und Stein, durch Wald und Flur. Allmählich werden deine Füße schwer und du wirst immer müder. Nach einer Weile kommt ihr in ein kleines Gebirge. Du zählst genau mit: eins, zwei, drei, vier, fünf, sechs kleine Berge habt ihr bereits überquert ...

Als ihr den siebten Berg besteigt, kannst du vor Müdigkeit kaum noch laufen. »Ist es noch weit?«, fragst du und gähnst dabei laut.

»Nicht sehr weit«, sagt der Zwerg mit der Axt und zeigt auf ein prächtiges Schloss in der Ferne. »Schau, dort ist das Schloss des schönen Prinzen! Er wird einmal Schneewittchen heiraten.«

»Oh!«, staunst du. Die goldenen Türme des Palastes glänzen in der Abendsonne.

So etwas Prächtiges hast du noch nie gesehen! Zu gern würdest du dir das Schloss einmal näher ansehen.

»Dahinten kommt der Prinz in seiner Kutsche!«, ruft auf einmal einer der anderen Zwerge und winkt.

Kurz darauf hält die Kutsche neben euch an. Der Prinz streckt seinen Kopf aus dem Fenster und fragt:

»Soll ich euch nach Hause fahren? Ihr seht müde aus!«

Was für ein Glück! Der Reihe nach steigen die sieben Zwerge ein. Zuletzt kuschelst du dich auf die gepolsterte Bank neben den Prinzen. Du streckst deine müden Beine aus und gähnst wieder herzhaft. Es tut so gut, sich auszuruhen! Dann fahrt ihr gemächlich los.

Sanft schaukelt die Kutsche hin und her. Die Hufe der Pferde klappern auf dem steinigen Weg. Klipp-klapp, klipp-klapp, klipp-klapp … Während du aus dem Fenster siehst, zieht die Landschaft langsam an dir vorüber. Vor Müdigkeit fallen dir immer wieder die Augen zu. Ein wenig später seid ihr endlich beim Zwergenhaus angekommen.

»Komm mich doch morgen in meinem Palast besuchen«, sagt der Prinz zum Abschied. »Ich lade dich und Schneewittchen zu einer Tasse Kakao ein.«

»Gerne!«, freust du dich und verbeugst dich vor dem Prinzen. Müde machst du noch einen Knicks hinterher. Sicherheitshalber. Nun betretet ihr das Zwergenhaus. Es ist noch kleiner, als du es dir vorgestellt hast! Du passt gerade so durch die Tür. Die Möbel sind winzig und überall hängen Miniwerkzeuge an den Wänden. Du staunst. Morgen willst du dir alles genau ansehen. Heute bist du dafür viel zu müde.

»Komm!«, sagt der siebte Zwerg und nimmt dich an die Hand. »Ich zeige dir, wo du schlafen kannst.«

Auf Zehenspitzen schleicht ihr ins Schlafzimmer. Ihr wollt Schneewittchen nicht aufwecken, sie schlummert schon längst. Du legst dich in eins der Zwergenbettchen und ziehst die flauschige Federdecke bis unters Kinn. Wie gemütlich es hier ist!

»Gute Nacht!«, hörst du es sieben Mal von der Tür flüstern, bevor die Zwerge sie hinter sich schließen.

Zufrieden rollst du dich in deinem kleinen Bettchen zusammen und lauschst. Klipp-klapp, klipp-klapp … Der Prinz fährt in seiner Kutsche davon. Das Klappern der Pferdehufe wird immer leiser, bis es schließlich ganz verklingt. Danach hörst du nur noch Schneewittchen im Bettchen neben dir ruhig atmen. Sie schläft tief und fest. Auch dein Atem wird immer ruhiger und tiefer. Du fühlst dich sicher und geborgen. Deine Arme und Beine sind ganz schwer. Du bist vollkommen entspannt. Ein letztes Mal denkst du an den prächtigen Palast des Prinzen. Dann bist auch du eingeschlafen.

Guter Mond, du gehst so stille

Guter Mond, du gehst so stille durch die Abendwolken hin;
deines Schöpfers weiser Wille hieß auf jener Bahn dich ziehn.
Leuchte freundlich jedem Müden in das stille Kämmerlein,
und dein Schimmer gieße Frieden ins bedrängte Herz hinein.

Guter Mond, du wandelst leise an dem blauen Himmelszelt,
wo dich Gott zu seinem Preise hat als Leuchte hingestellt.
Blicke traulich zu uns nieder durch die Nacht aufs Erdenrund.
Als ein treuer Menschenhüter tust du Gottes Liebe kund.

Guter Mond, so sanft und milde glänzest du im Sternenmeer,
wallest in dem Lichtgefilde hehr und feierlich einher.
Menschentröster, Gottesbote, der auf Friedenswolken thront,
zu der schönsten Morgenröte führst du uns, o guter Mond!

Text: Karl Enslin

Vöglein fliegt dem Nestchen zu

Vöglein fliegt dem Nestchen zu,
hat sich müd geflogen;
Schifflein sucht im Hafen Ruh
vor den wankenden Wogen.

Sonne denkt nun auch, sie hätt
lang genug geschienen,
legt sich in ihr Himmelbett
mit den roten Gardinen.

Vöglein sitzt im warmen Nest,
Schifflein liegt im Hafen,
Sonne schläft schon tief und fest,
auch mein Kind will schlafen.

Text: Peter Cornelius

Ein Bett im Pferdestall

Mach es dir in deinem Bett gemütlich. Liegst du weich und bequem?
Schließe jetzt deine Augen und atme tief ein und aus. Dabei wirst du immer
ruhiger. Dein ganzer Körper fühlt sich warm und entspannt an.
Stell dir nun vor, du bist auf einem Pferdehof.

Es ist bereits Abend und du willst den Pferden Gute Nacht sagen. Während du an ihren Boxen vorbeischlenderst, strecken sie dir erwartungsvoll ihre Köpfe entgegen. Bestimmt wollen sie wissen, ob du etwas zu fressen für sie hast! Sanft streichelst du jedem Pferd über die Nüstern und wünschst ihm eine Gute Nacht. In der Mitte der Stallgasse steht dein Pony Paulinchen in seiner Box. Zärtlich berührst du Paulinchens weiche Mähne. Du ziehst eine Möhre aus der Tasche und brichst sie in zwei Hälften. Vorsichtig hältst du sie dem Pony hin. Mit einem Happs hat es die erste Hälfte bereits im Maul und – happs – gleich auch die zweite.

»Schlaf gut, Paulinchen!«, sagst du und gähnst. Du bist auch schon sehr müde. Dann gibst du deinem Pferd einen Gutenachtkuss. Gemütlich läufst du weiter zum

hinteren Ende des Stalls. In der letzten Box steht die Stute Fritzi mit ihrem Fohlen. Es ist erst am Nachmittag zur Welt gekommen.

Überglücklich schlingst du deine Arme um den Hals der Stute und vergräbst deinen Kopf in ihrer weichen Mähne. Sie duftet einfach wunderbar!

»Das hast du prima gemacht!«, flüsterst du Fritzi ins Ohr. Behutsam lehnst du dich gegen die Stute und schaust zu Fritzis Fohlen hinüber.

Neugierig hebt es seinen Kopf. Es ist so süß mit seinem weißen Stern auf der Stirn! Immer wieder versucht es sich auf seine wackeligen Beine zu stellen. Erst knicken sie ein paarmal ein, aber schließlich hat das Fohlen es geschafft. Stolz beschnuppert Fritzi ihr Neugeborenes. Die beiden sehen so glücklich aus! Am liebsten möchtest du gar nicht mehr weg von ihnen.

»Hier bist du ja, mein Schatz!«, hörst du plötzlich die Stimme deiner Mama.

»Wir haben dich schon überall gesucht!« Das war Papa. Erleichtert kommen dir deine Eltern entgegen.

»Ich wollte schauen, ob es Fritzi und ihrem Fohlen gut geht«, sagst du. Müde schaust du zu Mama und Papa hoch.

»Das hätten wir uns ja denken können«, meint Papa und beugt sich zu dir herab. Sanft streichelt er dir über den Kopf. »Jetzt ist aber Schlafenszeit!«

»Darf ich heute Nacht hierbleiben?«, fragst du nun leise.

Mama und Papa werfen sich einen kurzen Blick zu.

»Na gut«, sagt Mama. »Jemand muss schließlich auf die beiden aufpassen.«

»Danke!«, freust du dich und strahlst. Es ist das erste Mal, dass du im Stall übernachten darfst. Ganz nah bei Paulinchen, Fritzi, dem Fohlen und all den anderen Pferden! Du kannst es kaum erwarten, dich zwischen ihnen auszustrecken.

Mit einer Heugabel schaufelt Papa frisches Stroh in eine leer stehende Box direkt gegenüber von Fritzis Box.

»So, dein Bett ist gemacht!« Papa lacht und legt eine Decke aufs Stroh. Es sieht richtig gemütlich aus!

Fritzi und ihr Fohlen haben sich nun auch wieder auf den Boden gelegt und kuscheln sich eng aneinander. Noch einmal streichelst du ganz vorsichtig über das seidige Fell des Fohlens.

»Können wir es Seide nennen?«, flüsterst du. Das Fohlen hat bereits die Augen geschlossen. Bestimmt ist es noch von der Geburt erschöpft.

»Das ist ein sehr schöner Name«, sagt Mama leise. »Dann wollen wir Seide jetzt mal schlafen lassen. Ab in deine Box mit dir!«

Du läufst hinüber und legst dich auf die weiche Decke im Stroh. Papa deckt dich mit einer zweiten Decke zu und gibt dir einen Gutenachtkuss.

»Schlaf schön, mein Schatz! Bis morgen früh!« Mama winkt zum Abschied und knipst die große Stalllampe aus. Jetzt spendet nur noch die flackernde Laterne sanftes Licht und wirft schöne Muster an die Wand.

Du wickelst dich in deine weiche Decke und nimmst den Geruch von Stroh wahr. Und den der Pferde! Es ist der schönste Duft der Welt! Nun schließt du die Augen und liegst ruhig und entspannt im Stroh. Das Gefühl von Wärme breitet sich in deinem ganzen Körper aus. Ab und zu hörst du, wie sich Fritzi in ihrer Box bewegt. Manchmal ertönt ein zufriedenes Schnauben. Du atmest ruhig und gleichmäßig. Deine Arme und Beine werden immer schwerer. Einmal hörst du ein leises, helles Wiehern. Das kam bestimmt von Seide! Ein letztes Mal stellst du dir das weiche Fell des Fohlens vor. Dann bist du auch schon eingeschlafen.

Die Blümelein, sie schlafen

Die Blümelein, sie schlafen
längst im Mondenschein.
Sie nicken mit den Köpfen
auf ihren Stängelein.
Es rüttelt sich der Blütenbaum,
er säuselt wie im Traum:
Schlafe, schlafe,
schlaf du, mein Kindelein!

Die Vögelein, sie sangen
so süß im Sonnenschein,
sie sind zur Ruh gegangen
in ihre Nestchen klein.
Das Heimchen in dem Ährengrund,
es tut allein sich kund.
Schlafe, schlafe …

Sandmännchen kommt geschlichen
und guckt durchs Fensterlein,
ob irgend noch ein Liebchen
nicht mag zu Bette sein.
Und wo er nur ein Kindchen fand,
streut er ihm in die Augen Sand.
Schlafe, schlafe …

Sandmännchen aus dem Zimmer,
es schläft mein Herzchen fein,
es ist gar fest verschlossen
schon sein Guckäugelein.
Es leuchtet morgen mir Willkomm
das Äugelein so fromm!
Schlafe, schlafe …

Text: Anton Wilhelm von Zuccalmaglio

Fingerspiele zum Einschlafen

Himpelchen und Pimpelchen
stiegen auf einen Berg.
Himpelchen war ein Heinzelmann,
Pimpelchen ein Zwerg.
Sie blieben lange dort oben sitzen
und wackelten mit ihren Zipfelmützen.
Doch nach vielen, vielen Wochen
sind sie in den Berg gekrochen.
Schlafen dort in guter Ruh.
Sei mal still und hör gut zu:
Chrrr, chrrr, chrrr, chrrr.

Zum Däumchen sag ich eins,
zum Zeigefinger zwei,
zum Mittelfinger drei,
zum Ringfinger vier,
zum kleinen Finger fünf.
Hab alle ins Bett zum Schlafen gelegt,
still, dass keines sich mehr regt.

Zehn Finger haben wir
an beiden Händen hier.
Seht, wie freundlich sie sind,
sie spielen mit jedem Kind.
Beugen und strecken sich,
grüßen sich freundlich,
legen sich Hand in Hand.
Falten sich gewandt,
wollen nun nichts mehr tun,
nur noch im Bettchen ruhn.

Piratenteddy, ahoi!

Leg dich bequem in dein Bett. Hast du dein Kuscheltier bei dir? Wenn du magst,
lege es auf deinen Bauch. Schau, wie es sich beim Atmen hebt und senkt.
Schließe jetzt deine Augen und lasse deinen Atem weiterfließen.
Du bist vollkommen ruhig. Dein ganzer Körper fühlt sich entspannt an.
Stell dir nun vor, du bist ein Piratenkind.

Vor dem Schlafen machst du noch einen kleinen Spaziergang über das Deck eures Piratenschiffs. Es ist bereits spät am Abend und du bist ganz schön müde. Während das Schiff hin und her schaukelt, hältst du dich an der Reling fest. Du riechst das Meer und deine Lippen schmecken nach Salz. Bald wird die Sonne im Meer versinken, sie steht schon tief am Horizont. Es ist ganz still an Deck. Alle Piraten sind bereits in ihren Kajüten und schlafen. Auch du freust dich schon auf deine gemütliche Koje und musst herzhaft gähnen.

Da fällt dir etwas ein. Ist wirklich niemand mehr wach? Jemand muss doch Wachdienst haben! Ein wenig verwundert schaust du nach oben zum Hauptmast und entdeckst dort den Einäugigen Eugen. Wie ein nasser Sack hängt er in den Seilen.

»Hey!«, rufst du nach oben. Doch es kommt keine Antwort. Schläft der Faulpelz etwa?

»Hey! Wach auf!«, rufst du noch einmal.

Da rührt sich etwas in den Seilen. Mit einem Ruck richtet sich der alte Pirat auf und schaut sich verwirrt um.

»Hier unten!« Du winkst mit beiden Armen, damit er dich sieht. »Du bist wohl eingeschlafen!«

»Wer? I-i-i-ich?« Der Einäugige Eugen gähnt. »Neeeein! Ich halte Ausschau nach Schiffen!«

»Ja, natürlich!«, sagst du lachend. »Dann habe ich mich wohl getäuscht. Ich bin nämlich furchtbar müde und gehe jetzt schlafen!«

»Zum Klabautermann, du hast es gut!«, seufzt der alte Pirat und fängt schon wieder an zu gähnen. »Ich muss noch die ganze Nacht wach bleiben – zumindest mein eines Auge ...«

Jetzt tut der Einäugige Eugen dir leid. Er sieht so müde aus und möchte so gerne schlafen!

Du denkst eine Weile nach, da kommt dir eine fabelhafte Idee. »Ich bin gleich zurück!«, rufst du nach oben und läufst schon los zu deiner Koje.

Verwundert schaut dir Eugen hinterher. In deiner Kajüte angekommen, schnappst du dir deinen Kuschelteddy. Er trägt genau so eine Augenklappe wie der Einäugige Eugen und ziemlich groß ist er auch. Prima!, denkst du. Dann läufst du flink zurück zum Hauptmast.

»Danke für deine Hilfe!«, flüsterst du deinem Teddy ins Ohr. »Pass schön auf uns auf!« Dann wirfst du ihn hoch in die Luft.

»Fang!«, rufst du dem alten Piraten im nächsten Moment zu. Geschickt fängt er den Teddy auf.

»Und jetzt?« Ratlos drückt der Einäugige Eugen deinen Kuschelbären mit der einen Hand an sich. Mit der anderen Hand hält er sich an den Seilen fest.

»Überleg mal!«, sagst du und grinst verschmitzt. »Wenn keiner merkt, dass du da oben pennst, kann auch genauso gut Teddy über Nacht Wache schieben. Und du schläfst gemütlich in meiner Kajüte. Es gibt noch eine freie Koje!«

»Aus dir wird noch ein echtes Piratenschlitzohr!«, ruft der Einäugige Eugen erfreut.

Mit ein paar Seemannsknoten befestigt er deinen Teddy sicher am Mast und macht sich an den Abstieg. Das dauert ein Weilchen, denn der Hauptmast ist sehr hoch. Während du auf Eugen wartest, lehnst du an der Reling. Du streckst die Beine aus und spürst, wie schwer sie sind. Ganz müde bist du jetzt und kannst es kaum erwarten, endlich einzuschlafen.

Als der Pirat mit wackeligen Beinen unten angekommen ist, sieht er glücklich und erleichtert aus. »Jetzt kann ich auch endlich schlafen gehen!«, ruft er und gähnt wieder herzhaft.

Mittlerweile ist die Sonne am Horizont verschwunden und es ist dunkel geworden. Hoch oben am Mast sind nur noch die Umrisse deines Piratenteddys zu erkennen.

»Vielleicht entdeckt Teddy ja ein Schiff!«, kicherst du. »Teddy, ahoi!«

»Ja, aber bevor wir das kapern, holen wir uns erst mal eine Mütze voll Schlaf!« Jetzt nimmt der Einäugige Eugen dich an die Hand. »Ich freue mich schon so auf eine weiche Koje! Los, komm!«

Unterwegs schleicht ihr an der Schiffsküche vorbei. Ihr hört den Schiffsjungen drinnen schnarchen.

»Pssst«, machst du, damit er nicht aufwacht.

Während ihr leise die Treppe zu den Kajüten hinabsteigt, haltet ihr euch gut am Geländer fest. Denn der Wind ist kräftiger geworden und das Schiff schaukelt immer doller auf dem Wasser. Kurz darauf seid ihr bei deiner Kajüte angekommen. Vorsichtig öffnest du die Tür. Sie knarzt ein wenig.

»Hoffentlich hört uns niemand!«, flüstert der alte Pirat und schließt die Tür schnell wieder hinter euch. Dann zündet er eine Kerze an und du schlüpfst in dein großes, weiches Piratenhemd.

»Miau«, kommt es aus einer der Hängematten. Schiffskater Paul wartet dort schon auf dich.

Erfreut krabbelst du dazu und streichelst sein warmes, weiches Fell. Der Einäugige Eugen legt sich in die leere Koje neben dir und pustet die Kerze aus.

»Teddy, ahoi«, murmelt er noch und fängt im nächsten Moment auch schon an zu schnarchen.

Sanft schlagen die Wellen ans Piratenschiff und ihr schaukelt hin und her. Hin und her. Neben dir schnurrt Kater Paul. Sein warmer Körper liegt ganz nah bei dir. Du schließt die Augen und hörst dem Schnurren des Katers zu. Deine Arme und Beine werden ganz schwer. Dein Atem wird immer tiefer. Du bist vollkommen ruhig und entspannt. Kurz denkst du noch an deinen tapferen Piratenteddy. Dann bist auch du eingeschlafen.

Träum, Kindlein, träum …

Träum, Kindlein, träum!
Im Garten stehn zwei Bäum.

Der eine, der trägt Sternlein,
der andre Mondenhörnlein.

Da kommt der Wind der Nacht gebraust –
und schüttelt die beiden mit rauher Faust.

Das Mondenhörnleinbäumlein steht,
als wäre gar kein Wind, der weht.

Dem Sternenbäumlein aber, ach,
dem fallen zwei Sternlein in den Bach.

Da kommen zwei Fischlein munter –
und schlucken die Sternlein hinunter.

Und hätte es nicht sterngeschnuppt,
so wären sie nicht so schön geschuppt.

Träum, Kindlein, träum …

Text: Christian Morgenstern

Leise, Peterle, leise!

Leise, Peterle, leise,
der Mond geht auf die Reise.
Er hat ein weißes Pferd gezäumt,
das geht so still, als ob es träumt.
Leise, Peterle, leise!

Stille, Peterle, stille,
der Mond hat eine Brille.
Ein graues Wölkchen schob sich vor,
das sitzt ihm grad auf Nas und Ohr.
Stille, Peterle, stille!

Träume, Peterle, träume,
der Mond guckt durch die Bäume.
Ich glaube gar, nun bleibt er stehn,
um Peterle im Schlaf zu sehn.
Träume, Peterle, träume!

Ruhe, Peterle, ruhe,
der Mond hat goldene Schuhe.
Er hat sie schon bei Tag geputzt,
weil er sie ja nur nachts benutzt.
Ruhe, Peterle, ruhe!

Schlafe, Peterle, schlafe,
der Mond hat silberne Schafe.
Sie gehn am Himmel still und sacht
und sagen Peterle Gute Nacht!
Schlafe, Peterle, schlafe!

Text: Paula Dehmel

Abendstille

Abendstille überall,
nur am Bach die Nachtigall
singt ihre Weise
klagend und leise
durch das Tal.

Text: Otto Laub

Ade zur guten Nacht

Ade zur guten Nacht,
jetzt ist der Schluss gemacht,
dass ich muss scheiden.
Im Sommer wächst der Klee,
Im Winter schneits den Schnee,
da komm ich wieder.

Volksweise

Gute Nacht, Froschkönig!

*Hast du es dir in deinem Bett gemütlich gemacht? Ist es unter deiner Decke
kuschelig warm? Versuche ganz still zu liegen und beobachte, wie sich dein Bauch
beim Einatmen hebt und beim Ausatmen senkt. Schließe jetzt deine Augen und
lasse deinen Atem ruhig weiterfließen. Alles ist gut. Du bist vollkommen
entspannt. Stell dir nun vor, du wohnst auf einem Schloss.*

Vor dem Schlafengehen machst du noch einen Spaziergang durch den Schloss-garten. Du läufst an den Blumenbeeten vorbei und schnupperst an den Rosen. Sie duften herrlich! Gemütlich schlenderst du durch den prächtigen Park hinüber zum Schlossteich, der in der goldenen Abendsonne glitzert.

»Quak, quak!« Die Frösche am Teich quaken um die Wette.

»Quak, quak, quak!«, machst auch du und lachst.

»Quak, quak, quak«, kommt es vom Teich zurück.

Aha, denkst du und probierst es gleich noch einmal.

»Quak, quaaak, quak, quak.«

Die Antwort lässt nicht lange auf sich warten.

»Quak, quaaak, quak, quak.«

Und ehe du dich versiehst, springt – schwupp – ein grüner, glibbriger Frosch auf deine Schulter.

»Iiiiiiiiiiih!« Du schüttelst dich überrascht. Im selben Augenblick hüpft der Frosch neben dich auf einen Stein. Wie auf einem kleinen Thron sitzt er da und schaut dich neugierig an.

Du nimmst deinen ganzen Mut zusammen und betrachtest den Frosch nun etwas genauer. Eigentlich ist er ganz niedlich, findest du. Dann fällt dir noch etwas ein. Wie war das noch mal mit dem Frosch in dem Märchen vom Froschkönig? Nachdenk-lich kehrst du zum Schloss zurück.

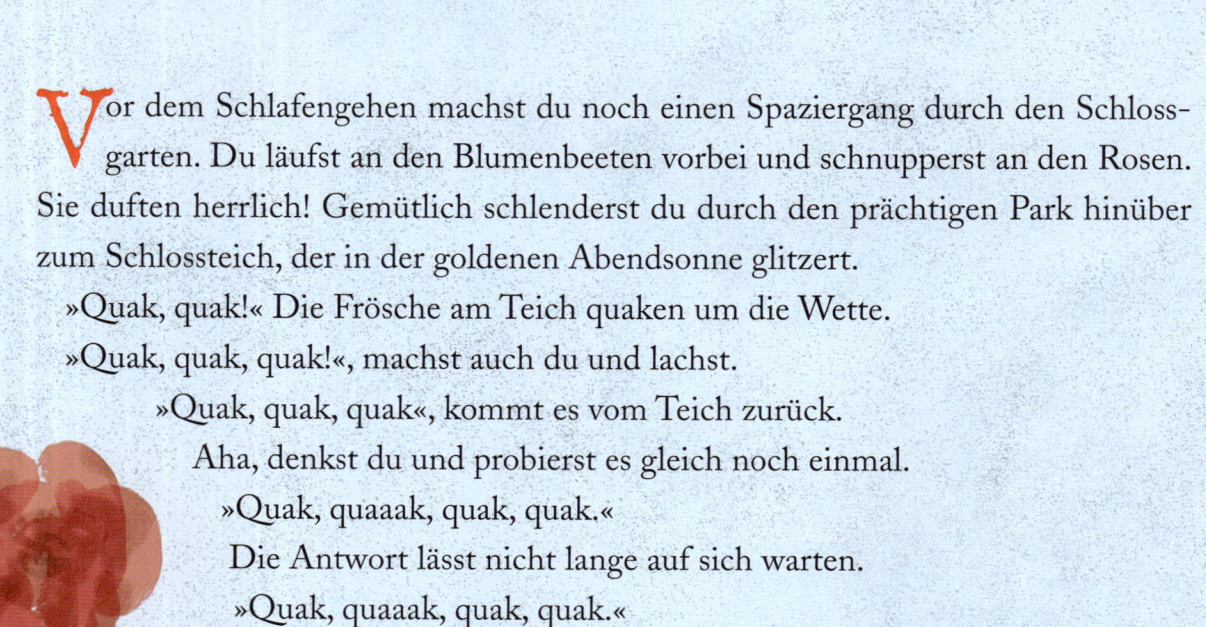

Während du den Park durchquerst, beobachtest du den Abendhimmel. Langsam versinkt die Sonne wie eine große, rot-goldene Kugel am Horizont. Es ist spät geworden und du wirst allmählich müde. Als du die Schlossterrasse erreichst, hörst du Tanzmusik. Richtig, heute ist ja der große Sommerball! Deine Eltern, der König und die Königin, freuen sich schon seit Wochen darauf und haben Gäste aus aller Welt eingeladen.

Auf der Terrasse steht ein gemütlicher Sessel. Du sinkst in die weichen Polster und lauschst eine Weile den Klängen, die aus dem Ballsaal kommen. Deine Augen werden schwer und du rollst dich im Sessel zusammen.

Plötzlich dann fällt dir der Frosch wieder ein. Vor dem Einschlafen willst du dir das Märchen vom Froschkönig anse-

hen! Du stehst auf und huschst durch die Terrassentür ins Wohnzimmer. Von dort aus gelangst du in einen langen Flur. Am Ende des Ganges befindet sich die Schlossbibliothek. Dort findest du sicher das große Märchenbuch!

Die schwere Holztür quietscht ein wenig, als du sie öffnest und wieder hinter dir schließt. Dann schaust du dich in dem riesigen Raum um.

Ach, herrje! Wie sollst du denn hier ein einziges Buch finden? Die hohen Holzregale sind von oben bis unten mit unzähligen Büchern gefüllt.

Trotzdem willst du wenigstens versuchen das Märchenbuch zwischen all den anderen Büchern zu finden. Du beginnst eine Leiter hochzuklettern, die vor einem der Regale steht.

»Was machst du denn da oben?«, hörst du plötzlich die Stimme deines Vaters.

»Ich suche das dicke Märchenbuch!«, rufst du von oben hinunter.

»Und was machst du dann bei den Büchern über Froschteiche?«, fragt dein Vater verwundert und hält die Leiter fest.

Als du kurz darauf wieder heil unten angekommen bist, schließt er dich in seine Arme. Dann greift er nach einem großen Buch direkt vor deiner Nase und drückt es dir in die Hand. »Hier, bitte sehr!«

»Danke«, murmelst du und beginnst in dem Märchenbuch zu blättern.

Endlich findest du ganz hinten das Märchen vom Froschkönig und schaust dir die Bilder genau an. So ist das also: Der Frosch ist ein verzauberter Prinz und muss erlöst werden! Langsam beginnen die Bilder vor deinen Augen zu verschwimmen. Du gähnst. Je länger du die Bilder betrachtest, desto müder wirst du.

»Komm, ich bringe dich ins Bett«, sagt dein Papa schließlich und trägt dich in dein Zimmer.

Erschöpft krabbelst du in dein schönes, großes Himmelbett.

»Warst du auch mal ein Frosch?«, fragst du. Lachend gibt dein Papa dir einen Gutenachtkuss. »Aber sicher! Und jetzt muss ich zurück zu meiner Königin auf den Ball. Quak, quak!«

Du kuschelst dich unter deine weiche Decke und atmest tief ein und aus. Durch das geöffnete Fenster strömt klare Nachtluft in dein Zimmer. Und wie die Rosen herrlich duften! Glücklich und zufrieden schließt du die Augen. In der Ferne hörst du leise Tanzmusik. Sanft wiegt sie dich in den Schlaf. Dein Atem fließt jetzt ruhig und gleichmäßig. Deine Arme und Beine sind warm und schwer. Dein ganzer Körper ist jetzt vollkommen entspannt. Noch einmal hast du das Bild des kleinen, grünen Frosches vor Augen. Dann bist du auch schon fest eingeschlafen.

Schlafe, mein Prinzchen, schlaf ein

Schlafe, mein Prinzchen, schlaf ein,
es ruhn Schäfchen und Vögelein.
Garten und Wiese verstummt,
auch nicht ein Bienchen mehr summt.
Luna mit silbernem Schein
gucket zum Fenster herein.
Schlafe beim silbernen Schein.
Schlafe, mein Prinzchen, schlaf ein.

Auch in dem Schlosse schon liegt
alles in Schlummer gewiegt,
reget kein Mäuschen sich mehr,
Keller und Küche sind leer.
Nur in der Zofe Gemach
tönet ein schmelzendes »Ach«.
Was für ein »Ach« mag dies sein?
Schlafe, mein Prinzchen, schlaf ein.

Wer ist beglückter als du?
Nichts als Vergnügen und Ruh!
Spielwerk und Zucker vollauf
und auch Karossen im Lauf.
Alles besorgt und bereit,
dass nur mein Prinzchen nicht schreit.
Was wird das künftig erst sein?
Schlafe, mein Prinzchen, schlaf ein.

Text: Friedrich Wilhelm Gotter

77

Der Mond ist aufgegangen

Der Mond ist aufgegangen,
die goldnen Sternlein prangen
am Himmel hell und klar;
der Wald steht schwarz und schweiget,
und aus den Wiesen steiget
der weiße Nebel wunderbar.

Wie ist die Welt so stille,
und in der Dämmrung Hülle
so traulich und so hold!
Als eine stille Kammer,
wo ihr des Tages Jammer
verschlafen und vergessen sollt.

Seht ihr den Mond dort stehen?
Er ist nur halb zu sehen,
und ist doch rund und schön!
So sind wohl manche Sachen,
die wir getrost belachen,
weil unsre Augen sie nicht sehn.

Wir stolzen Menschenkinder
sind eitel arme Sünder
und wissen gar nicht viel.
Wir spinnen Luftgespinste
und suchen viele Künste
und kommen weiter von dem Ziel.

Gott, lass dein Heil uns schauen,
auf nichts Vergänglichs trauen,
nicht Eitelkeit uns freun;
lass uns einfältig werden
und vor dir hier auf Erden
wie Kinder fromm und fröhlich sein.

Text: Matthias Claudius

Der Abendstern

Du lieblicher Stern,
du leuchtest so fern,
doch hab ich dich dennoch
von Herzen so gern.

Wie lieb ich doch dich
so herzinniglich!
Dein funkelndes Äuglein
blickt immer auf mich.

So blick ich nach dir,
seis dort oder hier:
Dein freundliches Äuglein
steht immer vor mir.

Wie nickst du mir zu
in fröhlicher Ruh!
O liebliches Sternlein,
o wär ich wie du!

Text: August Heinrich Hoffmann
von Fallersleben

Superschlafpower

Leg dich bequem hin und decke dich gut zu. Ist dir warm genug?
Schließe deine Augen und atme tief ein und aus. Während du ruhig und gleich-
mäßig atmest, entspannt sich dein ganzer Körper immer mehr.
Stell dir nun vor, du lebst mit deinen Superheldeneltern und deiner Super-
heldenschwester in einer supernormalen Stadt.

Eigentlich könnte alles super sein! Wenn da nicht eine Klitzekleinigkeit wäre: Als einziges Familienmitglied hast du deine Superkraft noch nicht entdeckt!

Du kannst dich zwar super verstecken, bist superlustig und manchmal bist du supermüde.

Aber das gilt alles nicht, sagt deine Schwester Clara immer wieder zu dir. Seit sie weiß, dass ihre Haare Superflugkräfte haben, gibt sie ständig damit an. Bei jeder Gelegenheit zeigt sie dir ihre Flugkünste.

Gerade steht sie in deinem Zimmer, bindet ihre Haare auf dem Kopf zusammen und schießt wie eine Rakete in die Luft. Dabei wolltest du gerade ins Bett gehen. Es ist nämlich schon spät am Abend und du bist schon ziemlich müde.

»Aua!« Clara hat sich beim Fliegen den Kopf an der Zimmerdecke gestoßen. Doch sie ist weich auf deinem Bett gelandet und grinst schon wieder frech.

»Fliegen ist soooo toll!«, ruft sie, löst ihr Haarband und schüttelt ihre lange Mähne. »Ich lasse mir nie, niie, niiiie wieder die Haare schneiden!«

In diesem Moment beginnt es in deinem Magen zu grummeln.

»Hau ab!«, sagst du ärgerlich. »Ich will schlafen!«

»Ich will aber nicht gehen«, meint Clara trotzig.

Jetzt spürst du, wie die Wut in dir hochsteigt.

»Wieso hast du so einen roten Kopf?«, fragt Clara neugierig. Doch kaum hat sie das gefragt, muss sie plötzlich herzhaft gähnen. Und ehe du dich versiehst, liegt sie auf deinem Bett und schnarcht.

Moment mal! Ungläubig starrst du deine Schwester an. Was war das denn? Eben war sie doch noch putzmunter!

Na schön, denkst du dir. Jetzt kannst du zwar nicht mehr in deinem Bett schlafen, aber dafür ist Clara jetzt wenigstens ruhig.

Du läufst die Treppe hinunter ins Wohnzimmer und kuschelst dich aufs weiche Sofa. Dort willst du auf deine Eltern warten. Sie sind wie jeden Abend ausgeflogen.

Du schaust aus dem Fenster in euren Garten. Es dämmert bereits und der Mond ist auch schon aufgegangen. Du gähnst jetzt herzhaft. Deine Augen werden ganz schwer.

Doch plötzlich siehst du im Garten einen Schatten zwischen den Apfelbäumen. Ist das etwa ein Apfeldieb? Du reibst dir die Augen und schaust noch einmal genau hin. Jetzt erkennst du den fiesen Torben von nebenan. Es vergeht kein Tag, an dem er dich nicht ärgert.

Wieder meldet sich das grummelnde Gefühl in deinem Bauch. Es reicht schon, dass Torben immer so gemein zu dir ist. Aber eure Äpfel darf er nicht auch noch klauen. Das lässt du dir nicht gefallen!

»Hey, hau sofort ab!«, rufst du aus dem Fenster und in null Komma nix fangen deine Ohren vor Wut an zu glühen.

Noch bevor Torben etwas Gemeines antworten kann, muss er plötzlich herzhaft gähnen. Genau wie deine Schwester Clara eben. Und im Nu ist auch er eingeschlafen. Direkt unterm Apfelbaum.

»Was ist denn hier los?«, hörst du auf einmal die Stimme deines Papas. »Warum bist du noch nicht im Bett?« Jetzt kommen deine Eltern ins Wohnzimmer.

»Und was macht der da in unserem Garten?«, fragt Mama verwundert und zeigt auf den schlafenden Torben unter eurem Apfelbaum. Also erzählst du deinen Eltern die ganze Geschichte. Dass du wütend auf Clara warst. Und wie sie plötzlich auf deinem Bett eingeschlafen ist. Und dass Torben eure Äpfel klauen wollte und du ihn dabei erwischt hast.

Als du fertig bist, schauen sich deine Eltern überrascht an.

»Herzlichen Glückwunsch zum Superheldentag!«, ruft Papa und wirbelt dich vor Freude durch die Luft.

»Ich bin ja so stolz auf dich!« Mama drückt dich fest an sich und strahlt übers ganze Gesicht. »Du hast die Superschlafkraft von deiner Oma geerbt!«, jubelt sie. »Wenn die wütend wurde, konnte sie eine ganze Horde Räuber zum Einschlafen bringen.«

Jetzt schaust du deine Eltern mit großen Augen an. Ist das wirklich wahr? Du hast die Superschlafkraft?

»Dann kann ich wirklich jeden zum Einschlafen bringen?«, fragst du aufgeregt. »Auch euch?«

»Wir schlafen doch schon von alleine ein, so müde, wie wir sind!«, murmelt Papa und gähnt. »Aber vorher bringe ich Torben noch zu seinen Eltern.« Ausnahmsweise darfst du heute bei Mama und Papa im Bett übernachten. Weil Clara in deinem Bett liegt.

Zufrieden kuschelst du dich unter die flauschige, breite Decke.

»Happy Superheldentag, mein Schatz!«, flüstert Mama und kuschelt sich neben dich. Es ist schön, ihre Nähe zu spüren. Kurz darauf kriecht Papa zu euch ins Bett.

Zwischen deinen Eltern fühlst du dich wohl und geborgen. Einen Augenblick lang lauschst du ihren ruhigen Atemzügen. Dann fallen dir die Augen zu. Auch dein Atem wird nun immer ruhiger und tiefer. Deine Arme und Beine werden ganz schwer und warm. Du bist vollkommen entspannt. Jetzt können Torben und Clara mich nie wieder ärgern, denkst du noch zufrieden. Dann bist du auch schon eingeschlafen.

Superschlaftrunk

Manchmal ist ein besonderes Getränk schön, das du in Ruhe genießen kannst, bevor du dich unter die Decke kuschelst. Am besten probierst du aus, welcher Schlaftrunk dir am besten schmeckt.

Honigmilch

Warme Milch mit Honig ist ein sehr altes und beliebtes Hausmittel, das vielleicht schon deine Großeltern vor dem Einschlafen getrunken haben.

Erwärme etwas Milch in einem Topf auf dem Herd. Lass dir dabei auf jeden Fall von einem Erwachsenen helfen. Gieße die warme Milch in einen Becher oder eine Tasse. Rühre Honig hinein – etwa einen Teelöffel je Becher. Nun ist die Milch trinkfertig. Und nach dem Schlaftrunk: Zähne putzen nicht vergessen.

Toller Tee

Mische ½ TL Kamillenblüten mit ½ TL Lindenblüten. Erhitze zusammen mit einem Erwachsenen etwa 150 bis 200 ml Wasser. Gib den Tee hinzu und lasse ihn etwa zehn Minuten ziehen. Nach dem Abkühlen kannst du den Tee trinken.

Fruchtig!

An warmen Sommerabenden schmeckt dieser Schlaftrunk sehr gut: Gib 50 g Himbeeren, 1 TL Sahne und ein wenig Honig zusammen mit 150 ml Milch in ein hohes Rührgefäß. Püriere die Zutaten mit dem Handrührgerät zu einem schaumigen Getränk.

Es schaukeln die Winde

Es schaukeln die Winde
das Nest in der Linde,
da schließen sich schnell
die Äugelein hell.
Da schlafen vom Flügel
der Mutter gedeckt
die Vögelchen süß,
bis der Morgen sie weckt.

Bei Mütterlein liegen
die Lämmer und schmiegen
aus Fell sich so dicht
und regen sich nicht.
Sie atmen so leise
und werden erst wach
beim Zwitschern der Schwalben
hoch oben am Dach.

Nur einzig die Sterne
am Himmel so ferne,
ob groß oder klein,
sie schlafen nicht ein,
sie schließen die strahlenden
Augen nicht zu, sie legen sich nicht
mit den andern zu Ruh.

Wenn aber mit Lachen
die Kinder erwachen,
das Lämmchen sich reckt,
der Vogel sich streckt,
dann müssen die Sterne,
ob groß oder klein, sie müssen
ins himmlische Bettchen hinein.

Dann der darf nicht singen
am Morgen und springen,
wer während der Nacht
herumtollt und wacht.
Drum schlaf nur, mein Liebling,
schlaf selig und fest,
wies Lämmchen im Stall,
wie der Vogel im Nest!

Text: Elizabeth Ebeling

Eine Muschel voll Glück

*Leg dich bequem in dein Bett und wickle dich in deine Decke. Hast du dein
Kuscheltier nah bei dir? Schließe jetzt deine Augen und atme tief ein und aus.
Dabei wirst du ganz ruhig. Du fühlst dich wohl und bist vollkommen entspannt.
Stell dir nun vor, du lebst in einer Unterwasserwelt mitten im Ozean.*

Tagsüber gehst du in die Kita Korallenhöhle. Dein Kindergarten ist wirklich eine kleine Höhle auf dem Meeresgrund. Sie liegt direkt an einem Riff, das aus Tausenden von wunderschönen Korallen besteht. Du freust dich jeden Tag darauf, dort mit den anderen Meereskindern zu spielen.

Heute habt ihr mit Unterwasserfarben gemalt und die bunten Bilder anschließend in der Höhle aufgehängt. Danach seid ihr zum alten Schiffswrack geschwommen. Es liegt nicht weit weg auf dem Meeresgrund. An dem verwunschenen Ort kann man toll Verstecken spielen! Du hast das beste Versteck der Welt gefunden: eine Schatzkiste. Deine Freunde mussten ganz schön lange nach dir suchen, bis sie dich endlich hinter der alten Kiste gefunden hatten.

Nun ist es Abend geworden und du wartest darauf, dass deine Mama dich in der Kita abholt.

Die Stunde, bevor es dunkel wird, magst du am allerliebsten. Von den Strahlen der warmen Abendsonne glitzert das Wasser wie tausend Diamanten. Während du wartest, musst du immer wieder gähnen. Vom vielen Spielen und Toben bist du ganz müde geworden. Da kommt eine prächtige Kutsche, die von Seepferdchen gezogen wird, an dir vorbei. Dein Freund, der kleine Wassermann, fährt mit seinem Vater nach Hause. Er sieht auch schon ganz müde aus.

»Bis morgen!«, rufst du und winkst ihm zum Abschied zu. Dabei schaust du auf dein Handgelenk. Oje! Wo ist denn dein Muschelarmband geblieben? Heute Morgen hattest du es doch noch. Du suchst den Meeresboden ab, doch dort ist das Armband nicht. Wo könnte es sonst sein? Du überlegst einen Augenblick. Bestimmt hast du das Muschelarmband vorhin beim Versteckspielen verloren! In diesem Moment taucht deine Mama zwischen

den Wasserpflanzen auf. »Hallo, Liebling!«, ruft sie. Mama freut sich sehr dich zu sehen. Dann fragt sie überrascht: »Aber was machst du denn für ein Gesicht?«

»Mein Armband ist weg«, erzählst du traurig. »Ich glaube, ich habe es beim Schiffswrack verloren.«

Mama nimmt dich tröstend in den Arm. »Es ist schon spät und du bist bestimmt seehundemüde!«, sagt sie. Doch dann fügt sie hinzu: »Aber bevor wir nach Hause schwimmen, suchen wir dein Armband. Bestimmt finden wir es wieder!«

»Du bist die beste Mama im ganzen Ozean!«, rufst du und schwimmst schnell los, bevor sie es sich anders überlegt.

Als ihr beim Schiffswrack angekommen seid, sucht ihr zusammen den Boden ab. Überall sind kleine Krebse und Muscheln zu sehen. Aber dein Armband kannst du nirgends entdecken.

Da fällt dir plötzlich etwas ein.

»Ich glaube, ich weiß, wo ich das Armband verloren habe!«, rufst du aufgeregt. Schnell schwimmst du zur Schatztruhe hinüber, hinter der du dich vorhin versteckt hast.

Und tatsächlich! Dort liegt das Armband! Erleichtert hebst du es vom Boden auf. Dabei entdeckst du eine halb geöffnete Muschel. Sie liegt neben deinem Armband im Sand. In ihrem Inneren schimmert etwas Weißes, Rundes.

»Eine Perle«, sagt Mama und bindet dir dein Armband um. »Sie ist für dich. Du darfst sie behalten.«

»Oh! Wirklich?«, fragst du überrascht.

Vorsichtig nimmst du die Perle aus der Muschel. Sie fühlt sich kühl und glatt an.

»Danke«, flüsterst du der Muschel zu und umschließt die kleine Kugel sacht mit deiner Hand.

»Pass gut auf deinen kleinen Schatz auf«, sagt Mama. »Die Perle bringt dir Glück.«

Dann macht ihr euch auf den Heimweg.

Mittlerweile ist es im Ozean dunkel geworden. Überall erklingen die tiefen Töne der Wale, die die Meereskinder in den Schlaf singen. Obwohl du immer müder wirst, hältst du die Perle fest in deiner Hand.

Zum Glück ist es jetzt nicht mehr weit nach Hause. Endlich angekommen, legst du die Perle zusammen mit deinem Armband in deine kleine Schmuckdose. Dann schwimmst du müde zu deiner Hängematte aus Algen und krabbelst hinein.

»Schlaf gut, mein Schatz«, sagt Mama und gibt der Hängematte einen leichten Schubs. Sanft schaukelst du hin und her. Du spürst, wie das Wasser zart deine Arme streichelt. Ab und zu zieht ein Schwarm leuchtender Fische an dir vorbei. Sie sehen wunderschön aus! Du schließt deine Augen und lauschst dem Gesang der Wale in der Ferne. Dein Körper gleitet in der Hängematte hin und her. Hin und her. Dein Atem wird jetzt immer ruhiger. Gleichmäßig fließt er durch deinen Körper. Du lässt dich immer tiefer in die Hängematte fallen. Deine Arme und Beine fühlen sich warm und schwer an. Dein ganzer Körper ist vollkommen entspannt. Noch einmal stellst du dir die Perle in deiner Hand vor. Dann bist du auch schon eingeschlafen.

Puppenwiegenlied

Schlaf, Püppchen, schlaf, schlafe in Ruh,
schlaf, Püppchen, schlaf und mach die Äuglein zu!
Darfst nicht lesen und schreiben,
kannst im Bettchen bleiben
morgen so wie heut,
hast dazu die Zeit.

Schlaf, Püppchen, schlaf, schlafe in Ruh,
schlaf, Püppchen, schlaf und mach die Äuglein zu!
Liegst du still und schläfst du brav,
sing ich dir vom kleinen Schaf,
sing ich dir vom Watschelgänschen
mit dem kleinen Wickel-, Wickelschwänzchen,
schlaf, mein Püppchen, schlaf!

Überliefert

Rotkehlchen auf dem Zweige hupft

Rotkehlchen auf dem Zweige hupft –
wipp, wipp! –,
hat sich ein Beerlein abgezupft –
knipp, knipp! –,
lässt sich zum klaren Bach hernieder,
tunkts Schnäblein ein und hebt es wieder –
stipp, stipp, nipp, nipp! –
und schwingt sich wieder in den Flieder.
Es singt und piepst ganz allerliebst –
zipp, zipp, zipp, zipp, trili! –
sich seine Abendmelodie,
steckts Köpfchen dann ins Federkleid
und schlummert bis zur Morgenzeit.

Text: Wilhelm Busch

Eia popeia, schlaf schnell mein Kind,
draußen singt leise der Abendwind.
Schlafe, mein Kindlein, die ganze Nacht
bis am frühen Morgen die Sonn erwacht.

Überliefert

Gute Nacht,
ihr kleinen Hasen

Gute Nacht, ihr kleinen Hasen,
hüpft noch einmal über den Rasen.
Dann geht zu Bett in Ruh
und macht die Augen zu.

Gute Nacht, ihr guten Pferde,
scharrt mit dem Huf auf der Erde.
Dann geht zu Bett in Ruh
und macht die Augen zu.

Gute Nacht, ihr kleinen Kätzchen,
noch einmal macht ein Sätzchen.
Dann geht zu Bett in Ruh
und macht die Augen zu.

Gute Nacht, ihr kleinen Mäuschen,
noch einmal schlüpft durchs Häuschen.
Dann geht zu Bett in Ruh
und macht die Augen zu.

Unbekannter Verfasser

Eia popeia

Eia popeia, so leise, so lind
wieg dich in Schlummer, du liebliches Kind!
Lass dich nicht stören den hellen Schein,
Muttertreu hütet das Bettchen dein.

Eia popeia, du liebliches Kind!
Draußen da wütet wohl Sturm und Wind.
Aber was geht uns das Draußen an!
Innen ist Ruhe und draußen ist Wahn!

Eia popeia, geschwinde, geschwind
schließe die Äuglein, du liebliches Kind.
Mancher, ach, schlösse die seinen so gern!
Aber es bleibet der Schlummer ihm fern.

Eia popeia, du liebliches Kind!
Engel dir stille Begleiter sind.
Lassen der schmerzenden Sorge nicht Raum,
lächeln und spielen mit dir im Traum.

Eia popeia, so leise, so lind
wieg dich in Schlummer, du liebliches Kind!
Schein vergeht, aus dem Tag wird Nacht,
Muttertreu liebend wohl ewig wacht.

Text: Karl Emil Konstantin von Goechhausen

99

Die letzte Vorstellung des Tages

Lege dich bequem in dein Bett. Fühlt sich deine Decke warm und weich an? Schließe jetzt deine Augen und atme tief ein und aus. Bei jedem Atemzug hebt und senkt sich dein Bauch. Atme ruhig weiter. Du bist nun völlig entspannt. Stell dir jetzt vor, du reist als Zirkuskind durchs Land.

Dein Vater ist Zirkusdirektor und deine Mutter Seiltänzerin. Auch dein Onkel und dein Cousin machen beim Zirkus mit. Wie eine richtige Zirkusfamilie zieht ihr mit euren bunten Wagen umher. Gerade habt ihr die Abendvorstellung beendet und du bist froh, dass alles gut geklappt hat. Das Publikum hat euch zugejubelt und wollte gar nicht mehr aufhören zu applaudieren. Nun haben die meisten Zuschauer den Zirkusplatz verlassen. Nur ein paar besonders Neugierige sind noch geblieben. Nach der aufregenden Vorstellung bist du nun müde und erschöpft. Zufrieden machst du dich auf den Weg zu deinem Wohnwagen. Ob dein Cousin Milan wohl schon im Bett liegt? Ihr seid zusammen aufgetreten und bestimmt ist Milan genauso müde wie du. Da entdeckst du einen fremden Jungen. Er hat schwarze Haare und ist ungefähr so alt wie du. Der Junge

steht auf den Zehen-
spitzen vor einem Wohn-
wagenfenster und versucht hineinzuschauen.

»Hallo!«, rufst du.

Ein wenig erschrocken dreht sich der Junge um. Doch als er dich sieht, winkt er dir fröhlich zu.

»Wer hier wohl wohnt?«, fragt er dich, während er noch immer versucht einen Blick in den Wagen zu werfen.

»Das ist der Wagen von Fred, dem Feuerschlucker«, erklärst du und läufst zu dem Jungen hinüber.

»Und woher weißt du das?«, meint der Junge erstaunt.

Du lachst. »Weil Fred mein Onkel ist! Und wer bist du?«

»Ich heiße Ben«, sagt der Junge. »Machst du auch beim Zirkus mit?«

»Ja! Ich wohne dort drüben!« Du zeigst auf deinen Wohnwagen. »Hast du gesehen, wie mein Cousin und ich an den Ringen geturnt haben?«

»Oh! Das warst du?« Ben wirft dir einen bewundernden Blick zu. »Ihr wart super!«

»Komm!« Jetzt nimmst du seine Hand. »Du musst meinen Cousin unbedingt kennenlernen! Er wohnt zusammen mit meinem Onkel in dem Wohnwagen. Wir können ihn zusammen suchen! Er scheint noch nicht zurück zu sein.«

Ihr lauft zum Zirkusplatz hinüber. Dort stolpert Clown Beppo den noch verbliebenen Zuschauern hinterher und macht dabei viel Quatsch.

»Hey, Beppo! Hast du Milan gesehen?«, rufst du ihm zu.

»Warte mal!« Umständlich zieht sich Beppo seinen viel zu großen Schuh aus und schaut hinein. »Also hier ist er jedenfalls nicht!« Alle lachen. Beppo ist wirklich lustig!

Hinter dem Zirkusplatz steht das große Zirkuszelt. Draußen vor dem Zelteingang gibt Onkel Fred eine Sondervorstellung und spuckt helle Flammen in den Nachthimmel.

»Wow!«, staunt Ben mit offenem Mund.

Ihr schaut ein Weilchen zu, wie die Funken sprühen. Dann sagst du: »Komm, Milan ist bestimmt noch im Zirkuszelt!«

Und tatsächlich! Dein Cousin Milan sitzt in der Manege. Ganz allein!

»Was machst du denn hier?«, fragst du erstaunt.

»Ich habe eben noch ein bisschen geturnt und bin dabei hingefallen«, antwortet dein Cousin und hält sein Knie. »Es tut ganz schön weh.«

Oje! »Soll ich dir beim Aufstehen helfen?«, fragst du. Doch Ben legt dir eine Hand auf den Arm und bittet euch einen Moment zu warten.

Dann läuft er aus dem Zirkuszelt. Kurz darauf kommt er mit einer Frau zurück.

»Das ist meine Mama«, erklärt Ben. »Sie ist Ärztin.«

»Zeig mal her«, meint Bens Mutter und nickt euch freundlich zu. Vorsichtig untersucht sie Milans Knie. »Du hast Glück gehabt!«, sagt sie dann und lächelt Ben aufmunternd zu. »Es ist nur eine kleine Schürfwunde. Gibt es hier im Zelt einen Verbandskasten?«

Schnell holst du den Erste-Hilfe-Koffer. Er liegt gleich neben dem Zelteingang.

Zuerst schmiert Bens Mutter eine Salbe auf Milans Knie, dann kommt noch ein Pflaster mit Mond und Sternen obendrauf. Langsam humpelt Milan aus dem Zelt. Natürlich hilfst du ihm dabei! In diesem Moment kommt euch dein Onkel Fred entgegen.

»Was ist denn passiert?«, fragt er erstaunt.

»Ich bin beim Turnen hingefallen, aber Ben hat schnell Hilfe geholt!«, erzählt Milan und zeigt auf Ben und seine Mutter. »Es tut schon gar nicht mehr weh!«, meint er tapfer.

Erleichtert bedankt sich Onkel Fred bei Bens Mutter. Anschließend zwinkert er Ben zu: »Na, du kennst dich ja schon prima bei uns im Zirkus aus! Wenn du willst, kannst du morgen bei der Vorstellung helfen.«

»Au ja!« Natürlich will Ben gern mitmachen!

Du freust dich auch, dass ihr euch morgen schon wiederseht. Doch nun bist du hundemüde. Gähnend verabschiedest du dich von deinem neuen Freund.

Es ist spät geworden und die Sterne stehen bereits überm Zirkuszelt. Überall in den Wohnwagen werden die Lichter gelöscht, nur eure beiden Wagen sind noch hell erleuchtet. Zusammen mit Onkel Fred und Milan machst du dich auf den Weg dorthin. Unterwegs musst du immer wieder gähnen. Genau wie dein Cousin.

»Gute Besserung!«, rufst du ihm noch zu, als du endlich bei deinem Wohnwagen angekommen bist. Mama und Papa erwarten dich schon an der Tür.

»Bestimmt kann Milan bald wieder turnen«, meint Mama und nimmt dich in den Arm. Als sie sieht, wie müde du bist, fügt sie noch hinzu: »Ich weiß auf jeden Fall, wer jetzt ins Bett turnt! Und zwar dalli, dalli!«

»Manege frei für die letzte Vorstellung des Tages!«, schmettert Papa mit seiner feierlichsten Zirkusdirektor-Stimme und lacht.

Geschickt kletterst du die Leiter deines Hochbetts hoch. Von oben verbeugst du dich noch einmal tief vor deinem Publikum. Dann kriechst du zufrieden unter deine weiche Bettdecke.

»Bravo!« Mama und Papa klatschen leise Beifall und löschen das große Licht. Jetzt ist es ganz still auf dem Zirkusplatz. Alle Zuschauer sind nach Hause gegangen und die meisten Artisten schlafen schon. Du hörst, wie deine Eltern sich unter dir flüsternd unterhalten. Sie haben eine Kerze angezündet. Eine Weile beobachtest du noch den flackernden Kerzenschein. Dabei wirst du immer müder und müder. Langsam fallen deine Augen zu. Deine Arme und Beine werden schwer. Dein ganzer Körper sinkt immer tiefer in die Matratze. Dein Atem fließt ruhig und gleichmäßig. Du bist vollkommen entspannt. Ein letztes Mal denkst du an deinen neuen Freund Ben. Dann bist du auch schon eingeschlafen.

Betthupferl

Ein »Betthupferl« ist eine ganz kleine Kostbarkeit, die du kurz vor dem Einschlafen bekommst. Das kann etwas Kleines, Süßes zu essen sein, aber es gibt noch viele andere Betthupferl, die dir den Schlaf versüßen: zum Beispiel eine Gutenachtgeschichte, eine kleine Fußmassage oder sich gemeinsam den Abendhimmel anzusehen und zu schauen, wo der Mond steht.

Kleine Fruchtspieße

Wasche einen kleinen Apfel und eine kleine Birne und reibe das Obst trocken. Entferne die Kerngehäuse und schneide die Früchte in mittelgroße Stücke. Lass dir dabei von einem Erwachsenen helfen. Schäle eine halbe Banane und schneide sie in dicke Scheiben. Wasche einige Weintrauben und halbiere sie. Spieße nun immer abwechselnd eine Obstsorte nach der anderen auf einen Holzspieß.

Einschlafduft

Ein schöner Zimmerduft lässt dich zur Ruhe kommen und hilft beim Einschlafen. Fülle Wasser in eine Schale. Gib einige wenige Tropfen Orangenöl hinein und stelle die Schale vor dem Einschlafen auf die Fensterbank. Du kannst auch eine Orange mit Gewürznelken spicken und sie auf einer Untertasse ins Zimmer stellen.

Zeigt her eure Füße

Lege dich bequem hin an einen ruhigen Ort, wo du ungestört bist. Am besten natürlich in dein Bett! Deine Mama oder dein Papa verreiben nun einige Tropfen Massageöl in den Händen. Du winkelst das Knie an und lässt die Füße locker hängen. Jetzt können deine Eltern einen Fuß nach dem anderen vorsichtig ausstreichen und leicht massieren.

Schlummerlied

Schlaf, Kindlein, schlaf!
Es war einmal ein Schaf.

Das Schaf, das ward geschoren,
da hat das Schaf gefroren.

Da zog ein guter Mann
ihm seinen Mantel an.

Jetzt brauchts nicht mehr zu frieren,
kann froh herumspazieren.

Schlaf, Kindlein, schlaf!
Es war einmal ein Schaf.

Text: Christian Morgenstern

Wenn es im Zoo dunkel wird

Rekele und strecke dich kräftig. Dann leg dich ruhig hin und spüre, wie sich dein Körper jetzt anfühlt. Schließe deine Augen und atme tief ein und aus. Während dein Atem ruhig weiterfließt, entspannt sich dein Körper immer mehr. Du fühlst dich wohl und geborgen. Stell dir nun vor, du läufst durch den Zoo.

Heute holst du deinen Papa von der Arbeit ab. Er ist Tierpfleger im Zoo. Du freust dich schon den ganzen Tag auf die Tiere. Jetzt ist es Abend und die meisten Besucher sind schon nach Hause gegangen. Langsam schlenderst du an den Tiergehegen vorbei und machst dich auf die Suche nach den Elefanten. Papa hat dir versprochen, dass du bei der Abendfütterung zuschauen darfst! Aber wo war nochmal das Elefantenhaus? Du schaust dich um, kannst aber kein Schild mit Elefanten darauf entdecken.

Vor dem Affenhaus bleibst du kurz stehen und beobachtest die niedlichen Tiere. Was trägt denn das Äffchen da auf seinem Rücken? Es ist ein Affenbaby! Während seine Mama geschickt von Ast zu Ast turnt, schläft es tief und fest. Das Affenbaby hat es gut! Du gähnst, denn du bist auch schon ein wenig müde.

Als du bei dem dicken Walross vorbeikommst, machst du gleich wieder ein paar Schritte zurück. Das Walross wälzt sich gerade schwerfällig in seinem Wasserbecken. Beinahe hätte es dich nass gespritzt.

»Ey, du dickes Walross!«, rufst du und lachst. Zum Glück hast du so schnell reagiert! Im nächsten Moment hüpft etwas vor deiner Nase über den

Weg ins Gebüsch. War das etwa
ein Hase? Nein, dafür war das Tier zu
groß. Du biegst um die Ecke und siehst ein kleines Känguru auf der anderen Seite des Gebüschs
sitzen. Neugierig schaut es dich an.

»Na, du bist wohl ausgebüxt!« Vorsichtig machst
du einen Schritt auf das Tier zu. Doch das Känguru hüpft
einfach weiter. Schnell läufst du in die Richtung, in die es
verschwunden ist, und schaust dich suchend um. Aber auf dem
Weg ist weit und breit kein Känguru zu sehen. Du suchst die Büsche
ab. Wieder nichts! Da entdeckst du es an der Weggabelung vor dir. Kaum
hat das Tier dich gesehen, hüpft es auch schon wieder weiter. Ganz schön frech!
Während du dem Känguru folgst, schaut es sich immer wieder nach dir um.
Ein bisschen so, als würde es auf dich warten. Nach einer Weile kommt ihr bei
den Pinguinen vorbei. Da ist ja auch Tierpfleger Alfred! Er ist gerade dabei die
Vögel mit Fischen zu füttern.

»Ein Känguru ist ausge-
brochen!«, rufst du dem Tierpfleger zu.

»Keine Sorge! Unsere Kängurus dürfen frei herumhüpfen!«,
antwortet Alfred und holt noch einen Hering aus seinem Eimer. In
hohem Bogen wirft er ihn den hungrigen Pinguinen zu.

Dann ist es ja gut!, denkst du und läufst erleichtert weiter. Aber wo geht es bloß
zum Elefantenhaus? Hoffentlich hat die Elefantenfütterung noch nicht begonnen!

Hinter der nächsten Ecke wartet das Känguru bereits auf dich. Du beschließt ihm
weiter zu folgen.

Unterwegs beobachtest du, wie sich die meisten Tiere langsam schlafen legen. Die
kleinen Tigerbabys kuscheln sich eng an ihre Mama und der Löwe nebenan reißt
beim Gähnen sein großes Maul weit auf. »Uuuuaaahh!« Jetzt musst auch du laut
gähnen. Vom vielen Laufen bist du richtig löwenmüde geworden.

Schließlich bleibt das Känguru vor einem großen Haus sitzen.

»Da bist du ja!«, hörst du die Stimme deines Papas. Erfreut steckt er den Kopf aus der Tür. »Dann kann es ja gleich mit der Fütterung losgehen!«

»Danke«, flüsterst du dem Känguru zu. »Wie lieb, dass du mich hergebracht hast!« Zum Abschied lässt sich das Känguru sogar kurz von dir streicheln. Sein Fell fühlt sich warm und weich an. Dann betrittst du neugierig das Haus, in dem die Elefanten wohnen. Sie haben schon auf euch gewartet. Nun haben alle Elefanten großen Hunger. Dein Papa gibt ihnen Gemüse und Obst, Heu und Stroh. Mit ihren langen Rüsseln nehmen die Dickhäuter das Futter vom Boden auf und stecken es sich in ihre Mäuler. Manche Tiere kauen auch auf herumliegenden Zweigen und Ästen herum.

»Mit dem Holz putzen sich die Elefanten ihre Zähne«, erklärt Papa.

»So wie wir vorm Schlafengehen?«, fragst du.

»Ja, genau!« Papa lacht. »Aber bei dir fällt die Elefantenwäsche heute wohl aus! Du schläfst ja schon im Stehen ein!«, meint er und kommt zu dir herüber.

Tatsächlich bist du so müde, dass du dich, ohne zu murren, ins Zoo-Büro nebenan bringen lässt. Draußen ist es in der Zwischenzeit dunkel geworden und die Zoo-Tore sind schon längst geschlossen.

»Hier kannst du dich hinlegen«, sagt Papa und zeigt auf ein gemütliches Sofa. »Ich muss mich noch ein bisschen um die Zebras kümmern.« Dann breitet er seinen Mantel über dir aus und gibt dir einen Gutenachtkuss.

Du kuschelst dich in Papas weichen Mantel und schaust dich um. An einer Wand ist ein großes Fenster. Durch die Glasscheibe kannst du direkt ins Elefantenhaus schauen! Manche Elefanten liegen jetzt auf dem Boden und schlafen. Andere ruhen mit hängendem Rüssel im Stehen. Eine Weile schaust du den Elefanten zu. Dabei werden deine Augen immer müder und müder. Bis sie schließlich zufallen. Ab und zu hörst du es noch tröten, dann kehrt Ruhe im Elefantenhaus ein. Jetzt ist es ganz still. Zufrieden sinkst du noch tiefer in das weiche Sofa. Dein Körper ist ganz ruhig und entspannt. Deine Arme und Beine werden immer schwerer. Du atmest ruhig und gleichmäßig. Ein letztes Mal denkst du an das liebe Känguru. Dann bist du auch schon eingeschlafen.

Weißt du, wie viel Sternlein stehen

Weißt du, wie viel Sternlein stehen
an dem blauen Himmelszelt?
Weißt du, wie viel Wolken gehen
weithin über alle Welt?
Gott der Herr hat sie gezählet,
dass ihm auch nicht eines fehlet
an der ganzen großen Zahl.

Weißt du, wie viel Mücklein spielen
in der heißen Sonnenglut,
wie viel Fischlein auch sich kühlen
in der hellen Wasserflut?
Gott der Herr rief sie mit Namen,
dass sie all ins Leben kamen,
dass sie nun so fröhlich sind.

Weißt du, wie viel Kinder frühe
stehn aus ihrem Bettlein auf,
dass sie ohne Sorg und Mühe
fröhlich sind im Tageslauf?
Gott im Himmel hat an allen
seine Lust, sein Wohlgefallen;
kennt auch dich und hat dich lieb.

Text: Wilhelm Hey

Guten Abend, gute Nacht, mit Rosen bedacht

Rekele und strecke dich unter deiner Decke. Leg dich dann hin und schließe die Augen. Wie fühlen sich deine Arme und Beine jetzt an? Atme tief ein und aus, dann lass deinen Atem ruhig weiter fließen. Dein ganzer Körper ist jetzt entspannt. Stell dir nun vor, du bist eine Blumenfee.

Du liegst im weichen, grünen Gras eurer Blumenwiese und betrachtest die Wolken. Sie ziehen langsam am Himmel vorüber. Es ist bereits Abend und bald wird die Sonne untergehen.

Du schnupperst. Oh, wie die Rosen duften! Und sie leuchten in den schönsten Farben! Manche blühen rosa, andere pink, wiederum andere haben orangefarbene Blüten.

Jetzt siehst du zwei bunte Pünktchen auf dich zukommen. Das müssen Billi und Tilli sein! Die beiden Feengeschwister wohnen bei den Sonnenblumen. Gleich gegenüber von deinem Rosenstrauch, in dem du zu Hause bist.

»Wir wollen den Kaninchenbabys Gute Nacht sagen!«, ruft Billi dir schon von weitem zu. »Kommst du mit?« Eigentlich bist du schon ein wenig müde. Doch natürlich möchtest du die beiden trotzdem gern begleiten! Langsam beginnst du deine Flügel zu bewegen, dann wird dein Flügelschlag immer schneller. Schließlich hebst du vom Boden ab. Es ist ein herrliches Gefühl, von der lauen Abendluft getragen zu werden.

»Vielleicht will Mia auch mitkommen«, sagst du zu Billi und Tilli.

»Gute Idee!«, meint Tilli. Gemeinsam fliegt ihr hinüber zu den Erdbeersträuchern. Dort wohnt eure Freundin Mia. Unterwegs genießt du die herrliche Aussicht. Von oben sieht die Wiese noch viel schöner aus! Überall blühen Blumen und die Abendsonne taucht alles in ein warmes, goldenes Licht. Nach und nach verabschieden sich die Bewohner der Blumenwiese von dem Tag. Die bunten Schmetterlinge und dicken Hummeln nehmen einen letzten Schluck vom süßen Nektar der Blüten. Die geschäftigen Bienen tragen die letzten Blütenpollen zu ihren Waben und die bunt schimmernden Libellen drehen noch eine letzte Abendrunde. Alle bereiten sich langsam auf die Nachtruhe vor. Du gähnst. Bald möchtest du dich auch hinlegen.

Kaum seid ihr bei den Erdbeersträuchern angekommen, will Billi nach Mia rufen.

»Pst!«, machst du schnell, denn Mias kleiner Bruder schläft bereits in seinem Blütenbett. Jetzt hat Mia euch entdeckt und kommt schnell angeflogen.

»Hallo!«, begrüßt sie euch erfreut. Die untergehende Sonne spiegelt sich in ihren glänzenden Flügeln. »Was macht ihr denn hier?«

»Wir wollen zu den Kaninchenbabys fliegen! Kommst du mit?«, fragt Billi sie.

Mia gähnt und schüttelt den Kopf. »Ich habe meine Flügel schon geputzt und bin sooo müde. Ich besuche sie lieber morgen früh! Aber wartet, ich habe noch etwas für euch!« Sie pflückt drei Erdbeeren von einem Erdbeerstrauch und schenkt jedem

von euch eine Frucht. Die Erdbeere schmeckt herrlich süß! Du lässt sie dir auf der Zunge zergehen. Dann bedankt ihr euch und wünscht Mia eine gute Nacht.

Bis zum Kaninchenbau ist es von hier aus nicht mehr weit. Mama und Papa Kaninchen sitzen vor ihrer Höhle, als ihr angeflogen kommt. Sie begrüßen euch freundlich. Aber wo sind denn ihre Jungen? Plötzlich strecken drei kleine Kaninchenbabys ihre Köpfchen aus dem Höhleneingang. Sie schnuppern mit ihren rosa Näschen und schauen euch neugierig an. Eines ist schneeweiß, ein anderes hat ein hellbraunes Fell und das dritte Kaninchen ist schwarz-weiß gescheckt.

»Guck mal, wie süß!«, flüstert Tilli.

Eine Weile beobachtet ihr die niedlichen Tiere.

»Husch, husch«, sagt Mama Kaninchen schließlich zu ihren Kindern und scheucht sie liebevoll in ihre Höhle. »Jetzt wird geschlafen!«

Nun ist es auch für euch Zeit, nach Hause zu fliegen. Du bist müde und erschöpft und sehnst dich nach deinem Bett im Rosenstrauch!

Alle Feenbabys schlummern bereits unter ihren Blütendecken und auch die größeren Feenkinder machen sich zum Schlafen bereit. Überall werden Flügel geputzt, Gutenachtlieder gesungen und Feenküsse verteilt. Mit jedem Flügelschlag fühlen sich deine Flügel ein bisschen schwerer an.

Bei den Sonnenblumen verabschieden sich Billi und Tilli von dir. Gemächlich gleitest du zu den Rosensträuchern hinüber.

Mama und Papa warten schon auf dich.

»Was für ein müdes Feenkind du bist!«, sagt Papa und schließt dich liebevoll in seine Arme. Dann trägt er dich in dein Blütenbett.

Mama deckt dich mit einem Rosenblatt zu und beginnt leise zu singen:

»Guten Abend, gut Nacht,
mit Rosen bedacht,
mit Blüten bedeckt,
schlupf unter die Deck.«

Du kuschelst dich unter dein seidig weiches Rosenblatt. Es duftet herrlich und fühlt sich angenehm kühl an. Deine Haut ist von der Sonne noch ganz warm. Auf der Blumenwiese ist es jetzt so still, dass man den Flügelschlag einer Libelle hören könnte. Doch selbst die Libellen schlafen bereits. Du wackelst noch einmal mit den Zehen. Dann wird dein Körper ganz ruhig. Deine Arme und Beine fühlen sich immer schwerer an. Dein Atem wird immer tiefer und gleichmäßiger. Du lächelst glücklich und denkst noch einmal an die süßen Kaninchen. Dann bist du auch schon eingeschlafen.

Guten Abend, gut Nacht

Guten Abend, gut Nacht,
mit Rosen bedacht,
mit Näglein besteckt,
schlupf unter die Deck.
Morgen früh, wenn Gott will,
wirst du wieder geweckt,
morgen früh, wenn Gott will,
wirst du wieder geweckt,

Guten Abend, gut Nacht,
von Englein bewacht,
die zeigen im Traum
dir Christkindleins Baum.
Schlaf nun selig und süß,
schau im Traum 's Paradies.

Volksweise

O wie wohl ist mir am Abend

O wie wohl ist mir am Abend,
wenn zur Ruh die Glocken läuten,
Bim, bam, bim, bam, bim, bam.

Volkslied

Abendständchen

Hör es klagt die Flöte wieder
und die kühlen Brunnen rauschen.
Golden wehn die Töne nieder,
stille, stille, lass uns lauschen!

Holdes Bitten, mild Verlangen,
wie es süß zum Herzen spricht!
Durch die Nacht, die mich umfangen,
blickt zu mir der Töne Licht.

Text: Clemens von Bretano

Entspannte Kinder schlafen besser! Und die Eltern auch!

Manchen Kindern fällt es leicht sich selbst zu entspannen, indem sie zum Beispiel Musik hören, puzzeln oder basteln. Viele Kinder lieben es auch Mandalas auszumalen. Die wiederkehrende innere Struktur der Kreisbilder wirkt beruhigend und fördert die Konzentrationsfähigkeit der Kinder. Am Ende dieses Buchs finden Sie einige Kopiervorlagen für Mandalas.

Darüber hinaus gibt es bewährte Entspannungsverfahren, die bereits von Kindern angewandt werden können. Ausgebildete Entspannungstrainer bieten sowohl körperorientierte Kurse an (z. B. progressive Muskelentspannung) als auch das Einüben imaginativer Techniken (z. B. autogenes Training). Für viele Verfahren ist eine professionelle Anleitung empfehlenswert, dennoch lassen sich einige Übungen zu Hause ausprobieren.

Gehen Sie spielerisch an die Übungen heran und versuchen Sie herauszufinden, welche Übungsform Ihrem Kind besonders liegt. Eine positive Wirkung hängt stark von der Bereitschaft und Lust des Kindes ab.

Progressive Muskelentspannung

Grundlegend für diese Technik ist die Erkenntnis, dass auf die kurzzeitige Anspannung eines Muskels eine vertiefte Entspannung folgt. Nacheinander werden verschiedene Muskelgruppen angespannt und wieder losgelassen. Die Entspannungsphase sollte entsprechend länger als die Phase der Anspannung sein.

- Ihr Kind sitzt bequem auf einem Stuhl, am besten mit geschlossenen Augen.
- Bitten Sie das Kind, seine linke Hand für ca. 5-10 Sekunden zur Faust zu ballen. Fordern Sie es auf mitzuzählen oder zählen Sie selbst leise mit.
- Danach liegt die geöffnete Hand für ca. 30 Sekunden ruhig im Schoß. Wichtig ist, dass das Kind das Gefühl der Entspannung bewusst wahrnimmt.
- Das Vorgehen wird mit der rechten Hand wiederholt.
- Lassen Sie das Kind anschließend die Schultern hochziehen, die Oberschenkel nacheinander anspannen, die Stirn hochziehen, die Nase rümpfen usw. Wichtig ist, dass es sich jeweils immer nur auf ein Körperteil konzentriert.
- Achten Sie nach jeder Phase der Anspannung darauf, dass das Kind genug Zeit hat, die anschließende Entspannung zu spüren.

Machen Sie selbst mit! Das hilft Ihrem Kind die Übung richtig auszuführen.

Yoga

Im Yoga geht man davon aus, dass Körper und Seele untrennbar miteinander verbunden sind. Regelmäßiges Ausführen verschiedener Yogaübungen führt zu innerer Ruhe und Ausgeglichenheit. Die Körperübungen stärken den Körper und dehnen und entspannen ihn zugleich. Manche Yogaübungen haben Tiernamen und sind daher für Kinder besonders ansprechend.

Yoga sollte auf keinen Fall unter Druck ausgeübt werden. Jeder Mensch macht beim Üben andere Erfahrungen und lernt sich und seinen Körper besser kennen. Achten Sie darauf, dass die Übungen Ihrem Kind guttun, und akzeptieren Sie die Grenzen, die Ihr Kind Ihnen signalisiert. Yoga hat nichts mit Leistung zu tun.

Miauu – Kikerikiii – Muuu

- Da die Atmung im Yoga eine wesentliche Rolle spielt, beginnen Sie ruhig mit einer kleinen Atemübung.
- Zeigen Sie Ihrem Kind Bilder von verschiedenen Tieren. Wie hören sich die Tiere an?
- Ahmen Sie nun zusammen mit Ihrem Kind die Tierstimmen nach.

Huu Huuu (Eule)
Miauuu (Katze)
Kikerikiiii (Hahn)
Määähhhh (Schaf)
Muuuuh (Kuh)

Bei dieser kleinen Atemübung wird spielerisch eine vertiefte Ausatmung gefördert. So lässt sich besonders gut entspannen.

Brüllen wie ein Löwe

- Für diese Übung kniet Ihr Kind mit leicht geöffneten Beinen und setzt sich anschließend auf die Fersen. Die großen Zehen berühren sich.
- Dann lehnt sich das Kind etwas nach vorne und stützt sich mit den Händen auf dem Boden ab. Der Po bleibt auf den Fersen, der Rücken ist lang, die Brust hebt sich.
- Nun wird der Kopf leicht nach hinten geneigt.
- Beim Einatmen werden Mund und Augen, so weit es geht, aufgerissen, die Zunge wird herausgestreckt.
- Beim Ausatmen brüllt das Kind lang und wild wie ein Löwe.
- Die Übung kann ein paarmal wiederholt werden.

Der brüllende Löwe ist besonders geeignet, um Spannungen abzubauen. Außerdem stärkt die Übung das Selbstbewusstsein.

Katze – Kuh

- Für diese Yogaübung begibt sich Ihr Kind in den Vierfüßlerstand.
- Beim Einatmen hebt es den Kopf, so dass ein leichtes Hohlkreuz entsteht (Kuh).
- Beim Ausatmen sinkt der Kopf nach unten und das Kind macht einen Katzenbuckel. Die Hände werden fest in den Boden gedrückt, der Bauch wird bewusst eingezogen und das Kinn zur Brust gezogen.
- Diese Übung wird einige Male wiederholt.
- Anschließend setzt sich das Kind in den Fersensitz, schließt die Augen und spürt nach. Das Nachspüren vertieft die positive Wirkung der Yogaübung.

Fragen Sie Ihr Kind, wie sich Rücken, Schultern und Nacken nach dem Üben anfühlen. Kribbelt es irgendwo? Fühlen sich manche Körperteile wärmer an?

Herabschauender Hund

- Auch für diese Yogaübung begibt sich das Kind zunächst in den Vierfüßlerstand.
- Die Knie heben nun vom Boden ab, der Po zeigt zur Decke. Arme und Beine werden gestreckt, der Kopf hängt locker nach unten.
- Um den Rücken möglichst gerade zu halten, stellt sich das Kind vor, dass es den Boden mit beiden Händen wegschieben will.
- Bitten Sie ihr Kind nun, die Fersen, so weit es geht, auf den Boden zu bringen.
- Diese Übung wird ein paar Atemzüge lang gehalten.
- Danach kommt das Kind in den Vierfüßlerstand zurück und setzt sich zum Nachspüren wieder in den Fersensitz.

- Anschließend wird die Übung wiederholt.

*Es gibt einige
Varianten dieser Übung, die Kindern besonders Spaß machen.
Der Hund hebt ein Bein: Hierzu wird zunächst das linke Bein nach hinten
und oben gehoben, danach das rechte Bein. Anschließend rekelt sich der Hund:
Das Kind hebt und senkt die Fersen und wackelt mit dem Becken (Schwanz).
Nun kann das Kind sich ausprobieren und machen, was sich für
den Körper angenehm anfühlt.*

Krokodil

- Ihr Kind liegt auf dem Rücken. Die Beine werden angewinkelt, die Arme seitlich auf Schulterhöhe ausgestreckt.
- Nun werden die Beine langsam zur linken Seite abgelegt. Der Kopf dreht zur rechten Seite. Achten Sie darauf, dass die Schultern und der Oberkörper flach am Boden bleiben und sich die untere Hüfte nicht mitdreht.
- Das Kind verweilt ein paar Sekunden in dieser Stellung. Die Atmung fließt ruhig weiter.
- Anschließend werden die angewinkelten Beine wieder zur Mitte zurückgeführt und der Kopf dreht sich ebenfalls zur Mitte.
- Von der Ausgangsposition aus werden nun die Beine langsam zur rechten Seite abgelegt. Der Kopf dreht sich dabei zur linken Seite.
- Wiederholen Sie die Drehung zu beiden Seiten ein paarmal.
- Danach liegt das Kind ausgestreckt auf dem Rücken und spürt nach, wie sich der Körper nun anfühlt.

*Diese
Krokodil-Übung entlastet und
entspannt den Rücken. Sie ist außerdem
besonders gut geeignet, um eine vertiefte
Atmung zu üben.*

Kobra

- Bei dieser Yogaübung liegt das Kind auf dem Bauch, die Beine sind leicht gegrätscht, die Arme liegen locker neben dem Körper.
- Nun werden die Unterarme auf Schulterhöhe angewinkelt. Sie sollten parallel auf dem Boden liegen. Die Hände zeigen nach unten.
- Mit dem Einatmen heben sich nun Kopf und Oberkörper an. Das Kind stützt sich dabei auf die Ellenbogen. Die Unterarme bleiben flach auf dem Boden liegen. Das Brustbein strebt weit nach vorn und oben. Der Nacken ist lang, der Blick nach vorne gerichtet.
- Beim Ausatmen werden Kopf und Oberkörper wieder auf die Matte abgelegt.
- Jetzt ruht sich das Kind für ein paar Atemzüge aus, dabei kann der Kopf auf den Handrücken liegen.
- Anschließend wird die Übung wiederholt.

Die Kobra-Übung kann auch mit gestreckten Armen ausgeführt werden. Hierfür werden die Arme zunächst nach vorne und außen gestreckt. Wenn sich der Oberkörper nun hebt, verstärkt sich die Dehnung.

Schlafendes Tierkind

- Ihr Kind begibt sich zunächst in den Fersensitz. Knie und Füße berühren sich, die Hände ruhen auf den Oberschenkeln.
- Dann beugt sich Ihr Kind langsam nach vorne, indem es den Bauch auf die Oberschenkel legt. Die Stirn sinkt auf den Boden, die Arme liegen locker neben dem Körper, die Handinnenflächen zeigen zur Decke.

- Mit jeder Ausatmung stellt sich das Kind vor, immer tiefer in den Boden zu sinken.

Die Stellung des Kindes, wie diese Übung auch genannt wird, vermittelt das Gefühl von Schutz und Geborgenheit. Vielleicht möchte Ihr Kind sich dabei vorstellen, ein Tierkind zu sein. Fragen Sie es doch mal, welches Tier es gerne wäre. Da diese Yogaübung eine besonders beruhigende Wirkung hat, kann sie auch beliebig oft zwischendurch eingebaut werden. Außerdem wird sie als Gegenstellung zu Übungen mit Rückbeugen (z. B. Kobra) empfohlen.

Schaukeln

- Für diese Übung legt sich das Kind auf den Rücken und zieht die Beine zur Brust hin an.
- Dann legt es die Hände auf die Knie, hebt den Kopf leicht an und schaukelt locker hin und her. Nach links und rechts, nach vorne und hinten.
- Anschließend begibt sich das Kind wieder in die Rückenlage.
- Die Arme liegen locker neben dem Körper, die Handflächen zeigen nach oben. Die Beine sind leicht gespreizt, so dass die Füße nach außen fallen. In dieser Position lässt sich besonders gut entspannen.
- Bitten Sie Ihr Kind, die Augen zu schließen und nachzuspüren. Beine, Rücken und Arme sind jetzt ganz entspannt.

Das Schaukeln mit anschließender Entspannung in Rückenlagen eignet sich besonders gut zum Schluss einer kleinen Yoga-Einheit. Diese kleine Rückenmassage kann aber auch immer mal zwischendurch eingebaut werden.

Autogenes Training

Das autogene Training ist eine auf Autosuggestion basierende Entspannungstechnik. Einfache, kurze Sätze rufen angenehme Gefühle von Ruhe, Wärme und Schwere hervor. Erwachsene können die Übungen allein durchführen, Kinder benötigen jedoch eine Anleitung. Jeder Übungsteil sollte etwa 1-2 Minuten dauern und kann jeweils durch die Rücknahmeformel beendet werden. Um das Kind nicht zu überfordern, ist es empfehlenswert, zuerst mit der Ruheübung (»Ich bin ganz ruhig«) zu beginnen und erst später weitere Übungen hinzuzunehmen.

Ihr Kind kann sich sowohl im Liegen also auch im Sitzen entspannen. Kleineren Kindern fällt das Üben im Liegen oft leichter.

- Fordern Sie Ihr Kind dazu auf, die Augen zu schließen und sich einen schönen, ruhigen Ort (z. B. in der Natur) vorzustellen.
- Dann sagen Sie »Ich bin ganz ruhig« und lassen das Kind den Satz innerlich mehrmals wiederholen.
- Anschließend stellt sich das Kind etwas Großes, Schweres vor (z. B. ein großes Tier).
- Sagen Sie nun »Meine Arme und Beine sind schwer« und lassen Sie das Kind den Satz innerlich mehrmals wiederholen.
- Danach stellt sich Ihr Kind etwas angenehm Warmes vor (z. B. liegt es in der Sonne).
- Nun sagen Sie »Meine Arme und Beine sind warm« und lassen das Kind diesen Satz innerlich mehrmals wiederholen.
- Am Schluss sagen Sie die Rücknahmeformel: »Arme und Beine fest, Atmung tief, Augen auf«.
- Nun beugt und streckt das Kind Arme und Beine, rekelt sich und atmet tief durch.

Autogenes Training kann auch als Einschlafhilfe eingesetzt werden. Dann entfällt die Rücknahme.

Kleine Einschlaf-Helfer

Neben den bereits genannten Entspannungstechniken können Sie noch einiges mehr tun, damit Ihr Kind sanft und entspannt in den Schlaf gleitet. Und das am besten Tag für Tag, denn je gefestigter die abendliche Routine ist, desto besser funktioniert das Einschlafen.

- Sorgen Sie für eine ruhige, liebevolle Einschlafatmosphäre. Was war besonders schön am Tag? Positive Bilder und Gefühle helfen Ihrem Kind sich vor dem Einschlafen zu entspannen. Schwierige Gespräche oder gar Streit belasten die Stimmung zu sehr und wirken sich negativ auf den Schlaf aus. Auch sehr starkes Herumtoben direkt vor dem Zubettgehen ist oftmals kontraproduktiv.
- Ob ein Gutenachtlied, eine Geschichte oder ausgiebiges Kuscheln: Gestalten Sie das Zubettgehen möglichst oft gleich, damit sich eine feste Einschlafroutine entwickeln kann.
- Frische Luft und Bewegung sind ein Muss! Und zwar täglich! War Ihr Kind tagsüber draußen aktiv, ist es abends müde und kann entspannt einschlafen.
- Nehmen Sie mit Ihrem Kind am Abend eher leichte, gut bekömmliche Mahlzeiten ein.
- Sanfte Massagen am Abend sorgen für ein wohliges Körpergefühl. Ebenso wie kurze, nicht zu heiße Bäder.
- Um die Wette gähnen! Gähnen Sie abends mit Ihrem Kind mehrmals zusammen laut und herzhaft. Gähnen steckt an, entspannt und bereitet ganz natürlich auf das Einschlafen vor.
- Nehmen Sie sich Zeit – und genießen Sie die kostbare Einschlafzeit mit Ihrem Kind! Wer hektisch auf die Uhr schaut oder sich beim Vorlesen unruhig hin und her wälzt, erschwert das Einschlafen.
- Achten Sie darauf, dass Ihr Kind das richtige Bettzeug hat. Passen Sie es in Größe und Material der jeweiligen Jahreszeit an.

- Sonne tanken! Mit dem geeigneten Sonnenschutz sorgt die tägliche Portion Sonne auch für guten Schlaf.
- Frische Luft und guter Duft! Lüften Sie das Kinderzimmer vor dem Zubettgehen gut. Auch kleine Schlafkissen mit Füllungen aus Heu oder Lavendel verbreiten wohlige, beruhigende Düfte.

Erste Einschlaf-Hilfe

- Hat Ihr Kind Probleme mit dem Einschlafen, suchen Sie die abendliche Gutenachtgeschichte besonders sorgfältig aus. Vermeiden Sie unter Umständen zu aufregenden Lesestoff in Fortsetzungen. Wählen Sie stattdessen für eine Weile eher ruhigere Geschichten aus, die nach dem Vorlesen beendet sind.
- Dimmen Sie das Licht! Fällt es Ihrem Kind sehr schwer, sich von all den schönen Tageserlebnissen zu lösen und zur Ruhe zu begeben, zeigen Sie ihm doch mal, dass nun für alle in der Familie die Ruhephase beginnt. Dabei hilft zum Beispiel, überall in der Wohnung das Licht für die Zeit des Einschlafens zu dimmen oder ganz auszuschalten.
- Wirf die Sorgen über Bord! Beschäftigt Ihr Kind etwas oder macht es sich Sorgen, helfen kleine Körperübungen die Probleme wieder loszulassen. Kreisen Sie zusammen mit Ihrem Kind die Schultern oder heben Sie die Schultern nach hinten, um symbolisch Ballast abzuwerfen. Was auch gut funktioniert: Die Sorgen mit den Händen greifen und fortschleudern. Oder über die Schulter nach hinten werfen.
- Knirscht Ihr Kind mit den Zähnen oder schnarcht es? Auch solche Störfaktoren verhindern eine gute Schlafqualität. Sprechen Sie dazu Ihren Kinderarzt oder einen Spezialisten an.

Zum Weiterlesen

Schlaf gut! Das kleine Überlebensbuch, Kösel Verlag 2014

Du bist nie allein! Für kleine Yogis und Yoginis. Meditationen & Fantasiereisen, die Kinderseelen stark machen, Schirner Verlag 2016

Entspannung für Kinder. Ausgegglichen und konzentriert mit Yoga, PR, AT & Traumreisen. Von 3-12 Jahre, TRIAS Verlag 2017

Achtsam mit Kindern leben. Wie wir uns die Freude am Lernen erhalten. Eine Entdeckungsbuch, Kösel Verlag 2009

Beruhigende Mandalas

Das Gestalten von Mandalas beruhigt Ihr Kind und stimmt auf das abendliche Zubettgehen ein. Diese Vorlagen können aus dem Buch kopiert und angemalt werden.